Tilmann Moser
Literaturkritik als Hexenjagd

SERIE PIPER
Band 1918

Zu diesem Buch

Tilmann Moser untersucht in diesem Essay die überaus heftigen Reaktionen, die Ulla Berkéwiczs Roman »Engel sind schwarz und weiß« ausgelöst hat: Eine Flut von teils hämischen, teils wütend-vernichtenden und teils hymnischen Kritiken war Antwort auf einen Roman, der den Versuch unternahm, in seiner expressiven Sprache wie in der Dramaturgie des Geschehens die Gedanken- und Gefühlswelt des Nationalsozialismus noch einmal lebendig zu machen. In der Aggressivität und der Gereiztheit der Kritik diagnostiziert der Psychoanalytiker die verzweifelte Abwehr eines »Faschismus in uns«, das Wiedererkennen von latenten, immer noch lebendigen nationalsozialistischen Elementen, mit denen der Roman die Leser konfrontiert.

Tilmann Moser, geboren 1938 in Freiburg/Br. Seit 1979 dort Psychoanalytiker in freier Praxis. Autor zahlreicher Veröffentlichungen: Lehrjahre auf der Couch (1976); Kompaß der Seele (1984); Körpertherapeutische Phantasien (1989); Besuche bei Brüdern und Schwestern (1990); Politik und seelischer Untergrund (1993) u.a.

Tilmann Moser

Literaturkritik als Hexenjagd

Ulla Berkéwicz und ihr Roman »Engel sind schwarz und weiß«

Eine Streitschrift

Piper
München Zürich

Der Abdruck von Passagen des Romans
»Engel sind schwarz und weiß« von Ulla Berkéwicz
erfolgt mit freundlicher Genehmigung
des Suhrkamp Verlages, Frankfurt/Main.

ISBN 3-492-11918-2
Originalausgabe
April 1994

Umschlag: Federico Luci,
unter Verwendung des Gemäldes »Affen als Kunstrichter«
von Gabriel von Max

Gesamtherstellung: Clausen & Bosse, Leck
Printed in Germany

Inhalt

Zwei Textproben aus »Engel sind schwarz und weiß«

Um dem Leser, der sich mit diesem Roman noch nicht vertraut gemacht hat, dennoch wenigstens die vorläufige Möglichkeit eines eigenen Urteils über Sprache und Komposition zu geben, sind hier zwei exemplarische Passagen vom Anfang (S. 9–18) und aus einem späteren Teil des Buches (S. 235–251) abgedruckt. Vielleicht wecken sie bei dem einen oder anderen Leser die Neugier, den ganzen Roman kennenzulernen.

Ein deutscher Junge weint nicht! und wenn der Feuersturm durch seinen Kopf fährt, und wenn die Reiterei durch seinen Hals bricht, und wenn die Brust verbrennt, weint der noch lange nicht! wischts Wasser mit dem Ärmel vom Gesicht, verschluckt die Reiter. Sitzt aufrecht auf dem harten Stuhl, auch wenn der Hintern von den Prügeln schmerzt, wird forgehn, weit fort, wird in fremden Ländern kämpfen, der Vater wird es noch bereuen, doch dann wird es zu spät sein!

Ein Tag ohne Essen, eine Woche nicht spielen, und das Rachele siehst du nie wieder, hatte der Vater geschrien.

Rachele hatte sie geheißen, war weich und weiß gewesen, weiß und heilig. Und sie hatten doch nur Vater und Mutter gespielt, geflüstert und sich zusammengelegt, wie Väter es mit Müttern tun, und er hatte sie doch nur gebogen und gedreht, bis er sie mit sich zusammengedreht hatte, doch nur ihr Herz gefühlt, den kleinen Schlag, das Weiße und das Weiche. Bis der Vater gekommen war, bis der das Brett genommen hatte. Rachele hatte sie geheißen, und er hatte sich über sie geworfen, damit es sie nicht trifft, und die Mutter hatte geweint, und der Vater hatte geschrien und mit dem Brett, aus dem er ihm die Ritterburg hatte bauen wollen, auf ihn und auf ihn geschlagen. Und sie hatten sie unter ihm weggezogen, Rachele hatte sie geheißen, und ihre Eltern hatten sie ihm fortgenommen, und der Vater hatte immer weiter auf ihn geschlagen, und die Mutter war dazwischengekommen, und dann hatte der Vater die Mutter geschlagen.

Die Mutter weinte. – Frauen dürfen weinen!

Ein deutscher Junge weint nicht, hatte der Vater gesagt, muß grade sitzen, Hände auf die Knie, Augen auf die Hände.

Die Mutter, die Magda, stand am Spülstein, schabte und schälte, durfte ihn nicht ansehn, der Vater hatte es verboten.

Der Vater hatte den schwarzen Anzug angezogen und das weiße Hemd, hatte Hut und Mantel vom Haken genommen, die Tür aufgerissen, war rausgelaufen, hatte die Tür ins Schloß geschlagen.

Der Vater, der Heinrich! Heinrich Fischer, ins Hessische hineingeboren, in Häuslerarmut hinuntergebeugt, die Eltern früh gestorben, der Vater am Magenfraß, die Mutter an unbekanntem Fieber, fünfzehn war der gewesen und hatte schon allein stehn müssen auf der Welt, und hatte nicht breitbeinig stehen können, nie breit genug für seinen Stolz.

Hatte mit den Eltern zur Miete bei Bauersleuten am Stadtrand gewohnt – die Mutter half auf dem Hof, der Vater versaß die Frührente, mit der Decke auf den Knien, mit dem langen Blick auf das rote Haus gegenüber, auf den Bach, der dort entlangfloß ins flache Land hinaus.

Einmal war Heinrich übern Bach gesprungen, ums rote Haus geschlichen, eingedrungen, in andre Welt geraten. Im roten Haus waren die Irren zu Haus, gingen die Stiermenschen um, Metzger mit dem Knüppel aus dem Sack. Heinrich hatte sich verstecken müssen, in Abstellkammern,

Badezubern, sonst wären die mit dem Knüppel auch über ihn gekommen wie über die armen Irren dort. Die wollen das Geheimnis in ihnen totschlagen, hatte Heinrich geglaubt, das Geheimnis der Irren kränkt die, weil es tief sitzt und wahr ist. Und weil sie selber keines in sich haben.

Es gab die langen Gänge, den Hall und den Gestank, die Kälte und die Nässe. Männer und Frauen kahlrasiert, Gesichter abgewendet, eingesunken im Gedankenmoor, untergegangen im Erinnerungsteich, Taubblinde, Blindgeschaute, Taubgehorchte.

Und einmal hatte Heinrich sehen können, wie sie einer kleinen Frau das Neugeborene genommen und fortgeworfen hatten. Da hatte er Vater und Mutter fragen müssen, die hatten gesagt, die Irren seien verrückt, und ihm das rote Haus verboten. Aber Heinrich war immer wieder hingegangen und hatte der kleinen Frau Äpfel gebracht.

Dann war der Vater gestorben, und er war mit der Mutter in die Stadt gezogen, in ein Haus, aus dem der Kohlgeruch nicht wich, wo die Frauen den Kopf im Türspalt hatten, die Männer im Unterhemd, aufgestützt auf Sofakissen, über der Fensterbank lehnten und auf die Straße stierten.

Aber hinter dem Haus war ein kleines Stück Erde gewesen, dort hatte die Mutter Kartoffeln angebaut, dort hatten im November noch Blumen geblüht, dort hatte ein mächtiger Baum gestanden. Da hatte er geträumt, so mächtig wie der Baum zu werden, war hochgestiegen auf den Baum, hatte im Wipfel gesessen und über die Stadt geschaut, hatte sich im Regieren geübt, im Innehaben. Und hatte doch geahnt, daß er nie etwas innehaben würde. Dort oben hatte er gesungen.

Dann war die Schulzeit zu Ende gewesen, und für eine weitere Schule hatte die Mutter kein Geld gehabt. Im kalten Winter 1910 hatte es nicht genug Holz und Briketts gegeben, die Mutter war krank geworden, die Kranken hatten am kalten Ofen erfrieren müssen. Der mächtige Baum war gefällt worden, die Mutter war trotzdem gestorben, am Fieber von der Kälte.

Heinrich hatte Sänger werden wollen, denn seine Stimme war vom Aufdembaumsitzen und Überdiestadthinwegsingen groß und schön geworden. Aber Singenlernen hätte Geld gekostet, und so hatte er, weil er die Hilflosen gesehen und nicht hatte helfen können, das Helfen erlernt, den Sozialberuf, die Fürsorgearbeit. Er hatte das Helfen erlernt, wie andere das Mauern oder Schreinern.

Dann war der Krieg gekommen. Mit achtzehn kriegsfreiwillig, mit zweiundzwanzig zurück vom Krieg, war er Kreissekretär beim Fürsorgeamt geworden, hatte die Töchter von Bauersleuten aus dem Vogelsberg kennengelernt, fünf Töchter hatten die gehabt und zwei Söhne, fünf Söhne waren im Krieg geblieben, hatte um die älteste Tochter geworben, die wollte keinen Habenichts, hatte um die Jüngste geworben, und die wollte.

Die Mutter, die Magda, weinte. – Mädchen sind weich und weinen, Mütter sind dick und weinen auch!

Aber er hatte doch nur Vater und Mutter gespielt mit dem anderen Kind, das ein Mädchen war. – Mädchen sind anders, Mädchen spielen Mütter, sind weiß und weich und werden vom Spielen und vom Weinen vielleicht krank! Vielleicht hatte sein Spiel sie krank gemacht, und deshalb hatte der Vater ihn vielleicht geschlagen. Rachele hatte sie geheißen, und sie hatten das Spiel schon oft gespielt, und manchmal hatte sie dabei geweint, aber nur heimlich, daß es keiner hört.

Die Schwester der Mutter, die den Heinrich nicht gewollt hatte, hatte den reichen Eberhard geheiratet. Der besaß ein Haus mit einem Schuhgeschäft und einer großen Wohnung. Dort gab es den Cousin und die Cousine und ein Klavier. Hinter dem Haus war ein Obstgarten. Im Sommer durfte die Magda einmal in der Woche ernten, was sie tragen konnte. Der Garten war wild und dunkel unter den Bäumen, Butzeblumen und Dotterblumen, nackte Schnekken, verwunschene Kröten, Tanzfliegen und Ringelwürmer. Aber der Cousin schoß mit der Steinschleuder nach den Fliegen und zertrat die Würmer mit glänzenden Schuhen. Und obwohl er schon älter war und groß genug zum Tragen, half er der Mutter nicht, wenn sie geerntet hatte, was sie tragen konnte, wenn sie sich mit den Eimern und Körben durch die Straßen schleppte, hüpfte neben ihr her, stahl ihr Beeren, machte ihr die Nase. Und die Cousine war ein Luder, Luder nannte der Heinrich die. Die hatte Schokoladebrote, hielt sie einem hin und aß sie selber, die rieb einem den Samen von Hagebutten unters Hemd, die weinte nie.

Magdas Eltern hatten den Bauernhof verkauf, weil sie die Mitgift für fünf Töchter brauchten, zehntausend Goldmark für jede und zwanzigtausend für jeden Sohn. Jetzt waren sie alt, wohnten jetzt in der Stadt, im engen Ausgedinge.

Die Bäuerin war klein geworden, die Beine waren von der Last der Jahre krummgedrückt, so daß sie schaukeln mußte, wenn sie laufen wollte, und knarrte, wenn sie lief. Die Zähne standen ihr einzeln wie schiefe Türme im Mund, die Hände waren breit und schwer vom Rübenklauben in der gefrorenen Dezembererde, vom Dreschen, vom Pflügen, vom Melken und vom Misten. Doch im Gesicht stand ihr die Güte fest bis in den Schlaf.

Als der Bauer mit den fünf ältesten Söhnen im Krieg gewesen war, hatte sie alles alleine besorgen müssen: sieben Kinder, Haus und Hof, Wiese und Acker, drei Kühe, etliche Hühner, Schweine, sieben Ziegen und zwei Zugpferde. Und immer, wenn ein Sohn gefallen war, hatte sie es gewußt. Dann hatte ihr Herz einen langen Stich bekommen, dann war sie umgefallen, dann hatte sie den Sohn gesehen, aufrecht im Kugelregen, links einen großen weißen und rechts einen großen schwarzen Mann, durchsichtig wie Fliegenflügel. Dann hatte sie's gewußt.

Der Bauer war ihr als einziger zurückgekommen, hatte nicht mehr viel sagen wollen und hatte bald nichts mehr gesagt.

Jetzt saßen sie in der Küche, warteten auf die Kinder und die Kindeskinder und auf den Tod. Saßen stumm nebeneinander, sahen gradeaus, ließen die Gedanken laufen, sich treffen, sich zusammenfügen und wieder auseinanderlaufen und sahen weiter gradeaus, zur Wand, dem Küchensofa gegenüber, wo durch ein Bild ein Engel ging.

Das Engelbild hatte schon im Bauernhaus im Vogelsberg gehangen, und Magda hatte oft hineingesehn, hatte den Engel mit den Flügeln rauschen gehört, hatte ihn leuchten gesehn und sich die Augen und die Ohren zugehalten.

Er saß auf seinem Stuhl, die Mutter stand am Spülstein. Es war Nacht, die Turmuhr schlug. Er konnte die Schläge noch nicht zählen. Es war Winter, in der Küche wurde geheizt. Die Mutter legte Holz nach.
Freitagabend ging der Vater zur »Liedertafel«. Da durfte die Mutter nicht mit. – Nur Männer dürfen singen! Aber er durfte manchmal mit, und dann sah er den Vater im schwarzen Anzug und im weißen Hemd, groß stand der da, größer als alle andern, und seine Stimme war die größte von allen.

Der Vater singt mit Inbrunst, hatte die Mutter gesagt. Aber er hatte nicht gewußt, was Inbrunst bedeutet. Inbrunst, hatte die Mutter gesagt, die macht, daß dir das Innere leuchtet wie Abendrot.

Der Vater war bei der »Liedertafel«, und die Mutter weinte, stöhnte, krümmte sich. – Es wird etwas geschehen, es wird etwas Turmhohes sein, ein Kampf, ein Gefecht, eine Schlacht! Es steht auf der Kippe, wies ausgeht, es wippt dort auf und nieder!

Die Mutter schwankte, wollte sich am Spülstein halten, rutschte ab, fiel um, klatschte auf den Küchenstein. Hol die Frau Polster, rief die Mutter.

Der Flur war kalt und dunkel. Es roch sauber, es war Freitag, und die Treppe war gespänt. – Das Geländer dreht sich nach unten, macht schwindlig, die Mutter stöhnt aus der

Küche, das hallt im Flur, der Hall dreht sich zusammen mit dem Drehgeländer, rutscht ab und stürzt, schlägt wie die Mutter auf, liegt drunten auf den grauen Steinen, ist zerbrochen!

Frau Polster war die Nachbarin, wohnte auf demselben Flur, hatte einen kranken Mann, ging zu fremden Leuten putzen und roch nach Bohnerwachs. Sie kam und rief Frau Zopf, die unterm Dach wohnte.

Die Mutter stöhnte, die Tür zum Flur stand einen Spaltbreit offen, das Licht fiel durch den Spalt auf Bodenbretter. – Die grauen Dielen, die stöhnen, wenn einer drübergeht, warum? Die stöhnen, weil sie Bäume waren, die nicht mehr im Wald stehn dürfen, hat der Vater gesagt!

Die Frauen stießen die Türe auf, die Mutter lag auf dem Küchenboden, sie krempelten die Ärmel hoch, knieten nieder, zogen, rissen der Mutter die Kleider weg, bis eine weiße pralle Kugel nackt war. Eine rote Spur floß aus der Mutter, ein Rinnsal übern Küchenstein, der in der Mitte seinen Abfluß hatte, floß dort ab.

Die Frauen machten Feuer im Herd, stellten einen Kessel Wasser auf, fingen zu beten an. – Es wird nicht gegessen und nicht geschlafen, warum beten die Frauen?

Die Mutter fing zu schreien an, krümmte sich, bäumte sich, fuhr auf, brach um. Die Frauen hielten sie fest, drückten sie nieder, setzten sich auf sie, ritten den nackten Bauch. – Es geht in die Schlacht, es geht um Leben und Tod, ich muß die Frauen vom Bauch der Mutter jagen!

Aber dann brüllte es rostig und alt und war nicht die Mutter. Die Nachbarin hielt ein Blutbündel hoch, das brüllte aus sich selbst heraus.

Reinhold, rief die Mutter, hol den Vater her!

Die Frauen schoben ihn aus der Tür. Er stand auf der Matte, die in den zerfransten Putzlumpen gewickelt war. Sie hatten die Türe hinter ihm zugemacht. Der Putzlumpen war kariert, grün und blau, am Tag war das zu sehen, jetzt war es Nacht, und er sollte den Vater holen. Aber er durfte nicht auf die Straße, der Vater hatte es verboten, er sollte in der Küche bleiben, Hände auf die Knie, Augen auf die Hände. – Der Vater wird mich schlagen!

Es war still, dunkel, kalt und naß, die Gaslaternen flackerten. – Der Weg führt über Straßen, die sich kreuzen, über Brücken, unter denen Wasser fließt. Die Straßen laufen alle überkreuz, es gibt an jeder Ecke Ecken. Aber dort, wo die Lichter brennen und die Lieder schallen, dort wird der Vater sein!

Da standen die Männer und sangen. Und der Vater stand am größten da. Die Männer standen um Tische, auf den Tischen standen Krüge, die flossen schaumig über.

»Es zogen drei Burschen wohl über den Rhein«, sangen die Männer, »bei einer Frau Wirtin, da kehrten sie ein.« Und der Gesang schwoll mächtig und stieg an den Wänden empor, schien sich unter der Decke zu sammeln, zusammenzuballen und gegen das Dach zu drücken.

»Frau Wirtin, hat sie gut Bier und Wein«, sangen die Männer, »wo hat sie ihr schönes Töchterlein?« Und der Raum schien zu schwanken und die Decke zu reißen.

»Mein Bier und Wein ist frisch und klar«, sangen die vielen, wie eine Kehle, wie ein Mund, »mein Töchterlein liegt auf der Totenbahr«, stieg es dann leise wie aus einem tiefen Leib herauf.

Und Reinhold konnte sehen, wie die Männer sich duckten, vornüberbeugten, wie sich der eine und der andere mit den Fäusten auf die Tische stützte, wie die Augenbrauen hochgingen, die Stirnen sich falteten. – Wie der Vater so erschrocken aussieht, als sei ihm was hingefallen auf den Küchenboden und zersprungen auf dem Stein. Die Mutter liegt auf dem Küchenstein, und der Vater soll kommen und sie aufheben!

»Und als sie traten zur Kammer hinein«, sangen die Männer immer weiter, »da lag sie in einem schwarzen Schrein.« –

Aber die Mutter liegt in nichts, und nichts ist schwarz, nur eine rote Spur läuft von ihr in den Abfluß fort!

Die Männer sangen weiter, und Reinhold rief nach dem Vater. »Der erste, der schlug den Schleier zurück und schaute sie an mit traurigem Blick«, sangen die und hörten ihn nicht. Da kroch er unter die Tische, da war er zwischen den Beinen, Hosenbeinen, Tischbeinen, Stuhlbeinen. – Die Hosenbeine sind alle lang und schwarz, und die Männer stellen sie beim Singen breit auseinander und stehn auf großen Füßen da!

»Ach, lebtest du noch, du schöne Maid«, sangen sie über ihm. Aber die Beine des Vaters konnte er unter den Tischen nicht finden. – Hosenbeine sind alle gleich!

»Ich würde dich lieben von dieser Zeit«, rieselten die Stimmen sanft auf den Tisch und dann über die Kante sanft auf Reinhold hinunter.

»Der zweite deckte den Schleier zu und kehrte sich ab und weinte dazu«, klangs, als preßten sich die Männer die Kehlen ab, und Reinhold konnte sie in die Knie gehen sehn, ganz leicht, als ob die ihnen weich würden. Und weil er die Beine des Vaters nicht finden konnte, kroch er unter den Tischen hervor, stellte sich auf und sah den großen Männern in die Gesichter, in die offenen Münder, Kehlen.

»Ach, daß du liegst auf der Totenbahr, ich hab dich geliebet so manches Jahr«, sang es aus denen heraus, und Reinhold konnte die Angst der Männer hören. Und hatte Angst. – Alle hier haben Angst! Er konnte sie hören und sehen und schrie nach dem Vater. Und da sah der ihn und kam. Er hob Reinhold hoch zu sich, er hielt ihn oben bei sich fest. – Wie früher, wie schon lange nicht mehr, wie sonntags auf der Brücke, wenn unten ein Zug durchfuhr!

»Der dritte hub ihn wieder auf sogleich und küßte sie auf den Mund so bleich«, sangen die andern. Und Reinhold schrie von der weißen Mutter auf dem Küchenboden und von der roten Spur.

Da lief der Vater mit ihm durch die Männerreihen, da lief dem Vater das Wasser, da hämmerte sein Herz.

»Dich liebt ich immer, dich lieb ich noch heut«, sangen sie, als der Vater schon auf der Straße war und Reinhold fest im Arm hielt und rannte. »Und werde dich lieben in Ewigkeit«, schallte es ihnen nach vom Licht in die Dunkelheit.

Der Vater rennt, er galoppiert, er gewinnt jeden Krieg! Jetzt ist der Krieg, jetzt rennt der Vater durch die Nacht! Der Krieg rennt und galoppiert, und harte Herzen schlagen aneinander!

Krieg! schrie Reinhold, und der Vater hielt ihm den Mund zu.

Am Anfang des Krieges hatte der deutsche Kaiser zum deutschen Volk gesprochen: »Um Sein oder Nichtsein unseres Reiches handelt es sich, um Sein oder Nichtsein deutscher Macht und deutschen Wesens. Wir werden uns wehren bis zum letzten Hauch von Mann und Roß.« Da wurde Heinrich kriegsfreiwillig und zog gegen den Franzos, das Liederbuch trug er im Ranzen.

Frisch ausgebildeter Landsturm und junge Rekruten marschierten gen Paris. Im Scherenfernrohr konnten sie schon den Eiffelturm sehen. Aber plötzlich waren Feuerballone am Himmel, Zeppelinangriffe, Heere kamen in Schüben vom Horizont.

Einen Sturmangriff erleben, das muß schön sein! Doch man erlebt vielleicht nur einen, sagte der Kamerad neben Heinrich.

Die deutschen Truppen schwenkten nach Norden. Besonnenheit und Manneszucht wurden gepredigt. Die Front erstarrte. Es wurde Winter. Schützengräben, Erdlöcher, Unterstände. Heinrich teilte sein Loch mit zwei Kameraden, Kriegsfreiwillige wie er. Er sang aus seinem Buch, er konnte an sich glauben, wenn er sich singen hörte.

Die Tage waren still und kurz, die Nächte lang. Ein Lauern über Brustwehren und Schießscharten, und manchmal aus tausend wie aus einer Kehle die »Wacht am Rhein« durch die Dunkelheit, und manchmal ein Hurra durch die

Schützengräben, und da wußten sie: Im Osten geschieht es, das Große, das Wahre, dort stürmen die deutschen Sturmkolonnen über die russischen Ebenen, dort hängt sie, die Donnerwolke, aus der der Name Hindenburg grollt. Dort im Westen hieß es Wachen und Lauern, sich wie Würmer in die Erde bohren und Hurra zum Sieg der andern schreien.

Die Muskeln gestrafft, die Nerven gespannt, die Augen gradeaus, brüllte der General eines Sommermorgens. Vertrauet, daß der deutschen Eiche Licht und Luft geschaffen wird zu freier Entfaltung. Der deutschen Kraft widersteht kein Franzos. Auf blutiger Walstatt gebt nun freudig alles bis zum letzten! Und dann stürmten sie, rannten, stürmten alle ins Trommelfeuer.

Heinrich war neben dem Freund, dem Kameraden Deutsch, gewesen, als der mit einem Hurra auf den Lippen fürs Vaterland in Fetzen ging. Hurra, schrie der Mund und hob ab aus dem Gesicht und flog davon und landete auf einem Baum.

Was ist aus Deutschs Frau geworden, hatte sich Heinrich später oft gefragt. Hatte Deutsch ihm nicht einen Brief gegeben für den Fall der Fälle? Und hatte er Deutschs Frau nicht vergeblich gesucht? Und hatte er nicht nach jahrelangem Suchen den Gedanken gehabt, den Brief über Wasserdampf zu öffnen? Erbrechen, hatte er gedacht, und es hatte ihn ein Gefühl von Schändung beschlichen und danach eines von Gerechtigkeit, daß wenigstens ein Mensch auf Gottes Erdboden wissen sollte, was Israel Deutsch an seine Frau Ruth für den Fall der Fälle geschrieben hatte. Und dann hatte er den Brief geöffnet.

Ruth, hatte Deutsch geschrieben, meine Frau, meine Frau! Meine Mutter war jüdisch, und Deine Mutter war jüdisch, und aus uns ist ein jüdisches Kind gekommen. Und wenn ich hier, für den Fall der Fälle, liegenbleibe, so sterbe ich für das Deutsche, was dem Jüdischen das Nächste ist. Und ich bitte Dich, wenn es eine Beerdigung meiner Sterblichkeit geben kann, die Kameraden, die mich überleben, zusammenzurufen, daß sie mir zum Kaddisch dazu das Vaterlandslied singen. Denn Deutschland ist nach Palästina unsere Heimat. Gott schütze Dich, meine Frau, er schütze mein Kind und er schütze das deutsche Vaterland.

*

K. O. B. Reinhold Fischer setzte sich mit fünf Kilo Dauerwurst Verpflegung im Gepäck am 17. Juli des Jahres 41 in Marsch, Rußland hieß sein Ziel, und unbekannt war ihm seine Aufgabe. Seine Marschroute lief via Warschau und Kiew nach Russisch-Heidelberg bei Odessa, schrieb Reinhold auf. Rechtwinkling an Leib und Seele war der Kerl, Manneszucht und Vaterland in Leber, Herz und Hirn – und hier folgt ein kleines Gelächter à la weiland Gabriel. Nein, ich komme mir nicht verloren vor, ich lasse mich stille sein und sehe aus den Fenstern.

Reinhold hatte sich vor dem Abmarsch in Werdohl ein neues Buch gekauft, schwarz und in Wachstuch gebunden wie sein erstes. Kriegstagebuch hatte er es überschrieben. In seinem alten Buch waren nur noch zwei Seiten leer gewesen, und er hatte es der Mutter geschickt, mit der Bitte, sie möge es an einem sicheren Ort verwahren, sein Inhalt gehöre einzig ihm.

Als immer mehr Menschen aus dem Zug gestiegen waren und immer weniger eingestiegen, als Reinhold längst über die alten deutschen Grenzen hinausgefahren war, nahm er das neue Buch wieder heraus und schrieb: Man erlebt endlich nur noch sich selber. Die Zeit ist am Bahndamm links und rechts abgeflossen, der eine Strom läuft vorwärts, der andere zurück. Ich vergesse mich und manches sonst in schlafähnlichen Zuständen ganze lange Tage. Ich schaue tiefer in mich hinein und noch tiefer, dorthin, wo nicht ein Stein mehr aufschlägt. Aber ich möchte weiter und noch weiter vordringen, und diese Reise kann mir nicht lang werden, denn ich will mir ins Innerste reisen, und dort will ich meinen Gott begrüßen.

Einer, der Zeit hat zu sich selber, ist erhoben über alle und kommt mit sich ins Gespräch: Ich erwarte die Dämmerung sehr, den Spalt zwischen den zwei Welten, in den ich schlüpfen will, auch wenn ich mich zwängen muß, erwarte die Müdigkeit mit Eulen und Abendrot, warte, wie die Bäume der wilden Wälder schwarz werden und zusammenwachsen wie ein Gebirg, warte, wie über den endlosen Sümpfen und Mooren, wie über den Wiesenweiten der riesige blaue Tageshimmel bunt und schwer wird, wie vom dunklen Horizont im Osten die ersten roten Feuer glühen, wie im Norden blaue Geisterlichter tanzen, wie Ackersmann und Erdbauer in den Boden versinken und alles seine Richtigkeit erhält und Ordnung findet.

So schlucke ich tagtäglich die süße Droge Einsamkeit und schreibe, lese, schaue.

Ich habe nur ein Buch im Ranzen, die Feldausgabe des »Cornet« – vielleicht werd ich sein Vorbild brauchen. Man muß vielleicht nur ein Buch im Leben wirklich kennen, wenn es ein heiliges ist, genügt das vielleicht. Meines ist zwanzig Zentimeter hoch und zwölf breit, und es ist dünn, es zählt nur siebzehn Seiten. Ich lese es täglich zweimal, daß ichs im Kopfe hab, falls einer es mir aus der Hand schießt.

Ich schreibe Briefe, und wenn der Zug hält, stecke ich sie ohne Hoffnung, daß sie ankommen werden, in die Postkästen. Die Bahnhöfe sehen verwüstet aus, die Ortschaften verlassen, kriegswund wie der Wald. Zertretene Ernte, Totenäcker, ausgewischt, zerbrochen, Bauern mit Holzkarren und Bettzeug – Vater, Mutter, ein Mitleiden fällt mich an! Und es scheint, ich komme der Front näher.

Kamerad, sagte einer in der Nacht.

Hatte der Zug gehalten? Reinhold sah auf die Uhr. – Um diese Mitternacht darf man wohl an Gespenster glauben!

Hast du von den Gefangenen gehört? Hast du die Rede

gehn gehört, daß sie wie Affen in Käfigen hängen und daß wir sie verhungern lassen, bis am End ein Russ den andern frißt?

Die Wirklichkeit ist zerbrechlich, vielleicht ist sie mir hingefallen, vielleicht bin ich im versunkenen Rußland versunken, sprach Reinhold sich zu. Einzelne Menschen hat man aus der Zeit evakuiert, die lassen sich jetzt in den leeren Zügen der Ewigkeit blicken, jenseits von Gut und Böse. Hab ich nicht, Kamerad, sagte er, und kann daran auch nicht glauben, Kamerad.

Hast du gehört, daß die Kosaken trächtigen Weibern bei lebendigem Leib den Bauch aufschneiden und hungrige Katzen einnähn?

Warum soll auch jeder, der dir begegnet, ein Wesen mit Blut im Fleische sein, sprach Reinhold sich zu. Ich komme aus der Heimat, sagte er, und woher kommst du, Kamerad?

Aus Jassi, Rumänien, vom Schlachthof.

Und dann kamen noch mehr durch den Gang ins Abteil, am Abteil vorbei ins nächste. Die Feldflaschen gingen um, und der Kriegsgesang schallte.

Als die goldne Abendsonne
Sandte ihren letzten Schein,
Zog ein Regiment von Hitler
In ein kleines Städtchen ein.

Draußen fuhr ein roter Mond über kahler grauer Ebene. Der, der eben gesprochen hatte, sang mit.

Traurig klangen ihre Lieder
Durch die kleine stille Stadt,
Denn sie trugen ja zu Grabe
Einen Hitlerkamerad.

Aber ich, Kamerad, rief Reinhold gegen den Gesang, habe noch keinen Russen gesehn!

Da mußt du dich aber beeilen, Kamerad, bald gibts keinen mehr!

Als die goldne Morgensonne
Sandte ihren letzten Schein,
Zog das Regiment von Hitler
In die weite Welt hinein.

Von Osten kam ein Lichtschein blaß und flach übers Land gekrochen. Der Zug hielt, die Soldaten stiegen aus.

Am Morgen schrieb Reinhold an Mechthild: Seit elf Tagen nichts als wucherndes Gras, Sumpfwiesen, Moorbreiten, strotzende Pappeln, rote Föhren, weiße Birken – jetzt kann ich mein russisches Lied singen von den Himmelsweiten und den Wolken, die ziehn.

Mechthild, Mädchen, Du bist mir doch ein guter Kamerad. Und drum will ichs Dir auch gestehen, daß ich schon zwei, drei Mal aus tiefem Schlaf geschreckt bin von dem Gedanken, der als Geschoß mir durch den träumenden Schädel geschossen kam: Ich bin in fremdem Land, in Feindesland. Mag sein, die Front hat sich verschoben, und ich rattere hier mitten ins russische Jenseits!

Es läßt sich ja auch keiner blicken. Ganze Tage nicht. Nur heut nacht waren deutsche Soldatengespenster plötzlich haufenweis zugange und wollten mir einreden, es sei nicht alles Gold, was glänzt.

Angst vor der Front? Angst vor dem Tod? Gewiß, da sitzt was. Aber vielleicht ist tapfer nur derjenige, der sich die Vorstellung verbietet, der sich kein Bild macht. Ich weiß ja auch nicht, wo ich hinkomme, wenn ich ankomme, und was ich dort tun muß. Ich habe jedenfalls beschlossen, in die Luft zu schießen und den Feind durch Gebrüll zu erschrecken.

Es fällt mir auf, daß ich viel an Vater und Mutter denke. Und die Wurst geht auch zu Ende. Sei gegrüßt, Mechthild.

Nach weiteren zwei Tagen hielt der Zug in Kiew an. Vor der Stadt war das Quartier der deutschen Wehrmacht auf fürstlichem Landsitz eingerichtet worden, in der Mitte ein Hof, eine Kapelle mit vergoldeten Zwiebeltürmen, Stallungen, Herrenhäuser und Gesindehäuser. Keine Russen, nur Deutsche.

Reinhold stand vor dem Oberbefehlshaber, dem er den Brief des Majors übergab, und sagte nicht mehr als Jawohl und Nein auf dessen Fragen nach der Heimat, nach dem Major, nach der Reise, nach dem Marschziel und den Bedürfnissen. – Die Stimme ist mir rauh geworden vom Schweigen, die Sprache ist mir nur als Gedanke und Schrift noch geläufig. Und dies scheint mir das Erstrebenswerte: das Schweigen des Mundes und davon das Schweigen als Lied unter den niedergeschriebenen Worten!

Ein Gefreiter wies ihm die Schlafstelle, brachte ihn zum Kasino, das im ehemaligen Festsaal des Landsitzes war, leistete ihm Gesellschaft, als er aß und aß. Der Gefreite berichtete, daß er siegreiche Frontkämpfe mitgemacht habe, daß Moskau binnen kurzem im Sturm genommen würde, daß die neue Wunderwaffe vor dem Einsatz stünde und somit die ost- und südrussischen Gebiete in wenigen Tagen besiegt sein würden.

Im Kasino herrschte gute Laune, das Essen war reichlich und schmackhaft. Heute abend gibts großes Remmidemmi, sagte der Gefreite. Sie haben uns Schlagersängerinnen aus der Heimat eingeflogen.

Nachdem Reinhold sich mit Proviant für den Rest der Reise, die am nächsten Morgen um fünf Uhr weitergehen sollte, versorgt hatte, ging er auf den Hof hinaus. Vor der Kapelle war ein Podest mit einer Lautsprecheranlage aufgebaut worden.

Es war dann ein Riesengebrüll, schrieb Reinhold am nächsten Morgen, wieder in der Stille und schon nach einer Weile Fahrt, in sein Buch. Die beiden Frauen kamen aus dem Kapellentor. Dort, wo früher der russische Weihrauch vor Ikonen geweht hatte, hatten die Damen sich geschminkt und geschürzt, hatten die Musiker sich in spekkige Fräcke geworfen, hatten sie ihre Mundwerke losgelassen, hatten sich ausgelassen vor den heiligen Augen und Ohren dieser alten Welt. Die Deutschen benehmen sich barbarisch im Lande der Barbaren, und mir ist nicht wohl dabei.

Aber dann packten sie mich doch und rissen mich hin, in ihre Welt, mit ihren frechen Liedern und mit den sehnsüchtigen und den verkommenen, und ich konnte mich an meine Haltung nicht mehr halten und brüllte genauso wie die andern zwanzigtausend Mann, die sich dort versammelt hatten. Und in seiner ganzen Unwirklichkeit erschien mir dieses Spektakel wunderbar: Mitten in Rußland pfeifen die, singen die, spielen die, tanzen die den Krieg an die Wand! Das Gebrüll kam uns allen wie aus einem einzigen mächtigen Rachen. Wir brüllten die Angst raus und die Hoffnung, die Schüsse brüllten wir raus, die wir geschossen, die uns getroffen hatten, brüllten sie raus mitsamt dem Heimweh, brüllten wie Löwen und Stiere. Und mit einem Mal waren die Frauen in die Reihe der Ikonenheiligen gerückt, standen mit Recht auf dem Podest vor der Kapelle und beschenkten uns mit Leichtsinn.

In der folgenden Nacht brannte der Wald. Ein Sommergewitter war losgebrochen, unaufhörlich zuckten Blitze durch die undichte Jalousie in Reinholds Abteil.

An Schlafen ist nicht zu denken, schrieb er in sein Buch, statt dessen rollt die Erinnerung an, erwünschte und unerwünschte, lebendig begrabenes Leid ersteht auf und fällt über mich her: Elsa, und immer wieder Elsa!

Und als der Blitz eben den Wald angesteckt hatte, als der alte Wald eben mit einem Ächzen aufflammte und zu brennen begann, kam mir die Gewißheit, daß es eine schwere Not gewesen sein muß, etwas auf Leben und Tod, was Elsa zum Schweigen gebracht, was sie vor dem Bruder zur Verstellung getrieben hat. Und ich, ich habe nur meinen

Schmerz gefühlt! Von sich selbst fortsehn lernen aber ist notwendig, wenn man die Liebe lernen will.

Unterdessen ist es heiß im Abteil geworden von dem Brand, der Geruch von Holz und Harz dringt mit dem Qualm durch die geschlossenen Fenster. Das Schauspiel draußen ist groß, erhaben und gefährlich. Das Feuer braust um mich. Hanno, Schade, Gabriel – es geht ins Gefecht!

Der Zug fuhr ohne Halt. Im Morgengrauen tauchten Stationen auf, deren Namen, von Bahnhofslampen angestrahlt, im Zwielicht standen: Rohrbach, stand dort in deutscher Schrift, Speyer, Sulz, Katharinental, Josephstal, Karlsruhe. Und dann kam Heidelberg.

Reinhold war marschbereit, stand am Fenster, hielt sich am Fenstergriff. – Der Wirklichkeitsboden unter meinen Stiefelfüßen ist glatt am frühen Morgen nach dem Nachtbrand, und mit jedem neuen Licht steht mir im Feindesland ein Heimatname vor Augen. Russisch-Heidelberg im grauen Morgen – es ist zum Ausrutschen!

Reinhold marschierte durch die Stadt. – Ich bin ein deutscher Soldat mit russischen Augen auf mir! Er schlug die Nägel seiner Stiefel aufs Pflaster. Der Boden unter seinen Füßen blieb glatt.

Durch die Altstadt von Heidelberg floß ein kleiner Fluß. – Der Neckar muß breiter sein. Ich hab den Neckar nie gesehn. Werd ich den Neckar jemals sehn?

Dann traf er auf deutsche Soldaten, die wiesen ihm den Weg zu seiner Kompanie.

Vor einer mit Stacheldraht abgesperrten Straße fand er das Quartier: ein Steinbau, ein Hof, auf dem Gras wuchs, daneben das Wachlokal der Polizei.

Es war schon heiß am Morgen, vor dem Wachlokal standen Stühle und Tische. Ein paar Kerle lungerten im Schatten. Einer von der Wehrmacht bot Schnaps an, sagte, das Kommando sei ausgerückt und komme erst in der Nacht zurück. Ein anderer in Zivil, einer von der Gestapo, wies Reinhold in dem Steinbau sein Bett.

Zwei Wochen bin ich unterwegs, sagte Reinhold, wo verläuft jetzt die Front?

Fünfhundert Kilometer weiter Richtung Sibirien, sagte der in Zivil.

Und was tun wir hier?

Wirst du schon sehn! Gib die Papiere und füll den Fragebogen aus, dann komm auf die Wache.

In der Amtsstube standen Männer in schwarzer Uniform zusammen.

Ah, er war Stammführer, sagte der in Zivil, großartig! Pfadfinder, du kannst uns hier neue Blutwege führen. Er gab Reinhold einen hektographierten Zettel: Lesen kannst du? Dann setz dich in den Schatten und mach dir einen guten Tag, vor morgen läuft hier nichts für dich.

Reinhold setzte sich an einen der Tische, die vor dem Wachlokal auf der Straße standen.

Tasse Kaffee, fragte jemand.

Ach was, Kaffee, lallte einer, der kriegt Blut zu saufen.

Straßengelächter.

Wenn du da rüber läufst, der Laller deutete auf die Stacheldrahtabsperrung, auf die leere Straße dahinter, kriegst du Blut zu saufen. Die Juden zapfen sichs Blut ab und gebens ihren Bälgern mit Wasser und gemahlenem Roggen als Suppe zu fressen. Das Blut vom Roten Meer!

Straßengelächter.

Das Sonnenlicht war grell geworden. – Aufgeregtes Licht, Licht über einem Ort, der zu nichts anderem dazusein scheint, als daß man ihn hinter sich läßt, ihn überwindet! Reinhold trank den Kaffee, las den hektographierten Zettel: Wir führen Kampf gegen den Juden. Und wir werden keinen Talmuddreh mehr zulassen, und kein Talmuddreh wird ihm mehr helfen. Denn siegt der Jude mit Hilfe seines marxistischen Glaubensbekenntnisses über die Völker dieser Welt, dann wird seine Krone der Totenkranz der

Menschheit sein, dann wird dieser Planet wie einst vor Jahrmillionen menschenleer durch den Äther ziehen. Gez. A. H.

Reinhold sah das Licht über der abgesperrten Straße flirren. Wo gehts da hin, fragte er.

Ins Judenloch, lallte der Laller.

Wenn du schreibst, stirbst du nicht, hat Hanno mir gesagt. Und so habe ich einen Albtraum niedergeschrieben, aus dem keiner, der ihn geträumt hat, je erwachen kann.

Ich gehe auf die Straße zu, ich hebe den Schlagbaum hoch.

Laßt ihn doch, rufts hinter mir, der kommt schon wieder, wenns ihm stinkt. Die Juden stinken, rufts hinter mir, wie wenn Most gärt, wie Kuhpisse.

Ich gehe auf der Straße. Das Licht ist außer sich. Stille, mitten am Mittag.

Am Judenfell frißt die Räude, rufts hinter mir. Brand und Krätze stecken an, Kamerad!

Über die Straße läuft ein nasser Hund mit blutendem Auge und Rabbinerhut schräg auf dem Schädel. Das Hundegesicht ist gemein und gallig. Ist der Teufel in den Hund gefahren?

Töne kommen aus einem Haus, steigen, fallen. Zittern kriecht über den Hundeleib, die Hundeaugen quellen aus. Noch zwei Hunde kommen, tragen auch Hüte, haben auch blutige Augen, sind auch naß. – Sind nicht naß! Sind lebendig enthäutet! SS-Kerle sind da, brechen in Gelächter aus.

Ich geh den Tönen nach. Das Haus hat keine Tür. Es ist dunkel. Ein Junge kommt zu mir, fragt mich auf deutsch: Bist du von den Hitlerleuten?

Die Töne werden von Menschen gesungen, die miteinander auf dem Boden sitzen. Ich setze mich dazu, sie rücken ab. Sie singen weiter. El Male Rachamin, verstehe ich, und immer nur und immer weiter El Male Rachamin. Was heißt das, frage ich den Jungen.

Gott ist voll Erbarmen, sagt er. Sie feiern, sagt er.

Was wird gefeiert?

Es ist ein Kind gestorben und getragen worden von dem Engel in Avrahams Schoß. In Avrahams Schoß, da wachsen die Bäume, da schlägt das Herz von Gott.

Draußen wird geschossen. Sie singen weiter. Ich laufe raus.

Schnaps? Einer von den SS-Kerlen hält mir seine Flasche hin.

Was waren das für Schüsse?

Wind kommt auf, Gestank, süß und scharf.

Was muß das Huhn auch über die Straße! Kann es nicht warten? Morgen gehts sowieso ab nach Jerusalem.

Gelächter. Sie gehen weiter.

Ich seh im Rinnstein graue dünne Beine. So dünn hab ich noch keinen Menschen gesehn. Der Kopf liegt ganz verdreht zur Seite, als ob er sein Gesicht verstecken wollte, der Mantel hat einen roten Fleck.

Ich laufe zurück, finde mein Lager, falle in Schlaf. Der Blutgeruch sitzt wie Geronnenes in meiner Nase fest.

Mitten in meinen Schlaf poltern Kameraden links und rechts auf die Pritschen.

Gegen Morgen schreit einer: Es geht los! Auf, Kamerad, es gibt eine Tanzvorstellung, Veitstanz heißt die Nummer.

Zwanzig, dreißig Mann hängen an den Fenstern. Ein Mensch kommt auf den Hof, ein Lastwagen fängt ihn im Scheinwerferlicht. Der Mensch zuckt, hopst. Einer schießt, der Mensch hopst, der Schütze zielt neben die Füße. Der Hopser schreit. Der Schütze hat eine Narrenklatsche, klatscht und knarrt mit seiner Linken zum Tanz und mit der Rechten schießt er. Der Hopser schreit, macht Riesenhopser, der Körper zuckt, die Narrenklatsche knarrt.

Dann trifft ein Schuß, die Kameraden grölen, der Hopser hopst nur noch mit einer Hälfte, fällt. Der Zucker zuckt nur noch. Die Scheinwerfer blenden auf, dem Schädel auf dem Boden entströmt Gehirn. Die Scheinwerfer gehen aus.

Alt Heidelberg, du Feine,
Du Stadt an Ehren reich,
Am Neckar und am Rheine
Kein andre kommt dir gleich.

Die Kameraden sitzen auf ihren Feldbetten und singen! Draußen auf dem Platz liegt der Narr. Fliegengeschmeiß, in den Sümpfen ausgebrütet, an Menschliches nicht gewöhnt, sitzt in schwarzen Klumpen und frißt an dem Narren.

Ich laufe auf den Hof. Die Kameraden singen.

Stadt fröhlicher Gesellen
An Weisheit schwer und Wein,
Klar ziehn des Stromes Wellen,
Blauäuglein blitzen drein.

Es ist schon heiß am Morgen, es verwest schon. Der Narr hat zum letzten Schutz seine Pupillen verschluckt und den Fliegen nur das Weiße gelassen.

Vor dem Wachlokal stehen drei Lastwagen. Ein vierter kommt, führt als Ladung weiße Frauen, Gesichter nach unten, nacktes Fleisch wackelt wie Gallert hin und her. Der Wagen hält. Sie schleifen den Narren an, buckeln ihn, werfen ihn über die Rampe auf Frauen. Der Wagen fährt weiter.

Ich melde mich beim Kompaniechef. Der ist schmächtig von der Nacht. Wir sind hier eine kleine verschworene Gemeinschaft, sind aufeinander angewiesen mitten unterm Feind, erklärt der mir und sagt: Sie sind heut Mittag dran.

Männer in schwarzer Uniform sitzen vor dem Wachlokal. Ich setze mich dazu. Ich bekomme ein Frühstücksei.

Der von der Gestapo, der mir am Vortag mein Lager gewiesen hat, kommt, hält blutige Hände hoch: Ich habe vor dem Frühstück noch geerntet. Die Heidelbeeren sind reif! Er verschwindet im Haus, Wasser rauscht.

Wie er zurückkommt, setzt er sich an meinen Tisch. Der

Jude, sagt er, ist ein Prinzip, der Jude ist fromm, der Jude ist toll. Er lacht sich quer durchs Gesicht und spricht ernst weiter: Das Klagegeschlecht überspannt seinen Glauben, sein Gott schwimmt in Judenblut, er schnappt nach Luft, der Gott, der Gott säuft ab.

Zu spät, du rettest den Gott nicht mehr, so bring seine Kinder ums Leben, brüllt einer vom Nebentisch und reißt seine Pistole hoch.

Unter den Bomben jüdischer Terrorflieger müssen unsere Frauen und Kinder in der Heimat ihr Leben lassen, sagt der von der Gestapo. Wer da noch Gefühlchen hat, sagt der, wird unsre Sache nicht bewältigen.

Noch zwei Lastwagen kommen, Leute sammeln sich auf dem Platz vor dem Wachlokal.

Neugierige aus der Altstadt, sagt der von der Gestapo, sie brauchen ein bißchen Kintopp in ihrer Hinterwelt.

Der Schlagbaum geht hoch. Die in der Straße wohnen, kommen auf den Platz. Sie stellen sich in Schlangen auf, sind ruhig, stehn wie um Karten an. Gruppen werden zusammengestellt, Namen werden aufgerufen, die Aufgerufenen steigen auf die Lastwagen.

Was geschieht mit denen auf den Wagen?

Die fahren nach Jerusalem.

Gelächter.

Die Wagen stehen in der Sonne. Die auf den Wagen stehn, sind müde, ihre Gesichter sind ihnen zu schwer, sie können sie nicht heben.

Ich bekomme ein Gewehr in die Hand, ich steige auf einen Wagen. Die Wagen fahren an.

Neben mir bewegt einer die Hände, als striche er Staub von seiner Brust, von seiner Stirn. Wie der Wagen in die Altstadtgassen biegt, zerreißt der seine Kleider, langsam, ohne Geschrei.

Die Wagen fahren am Fluß entlang, am Bahnhof vorbei und lange auf gerader Straße neben den Geleisen. Das ist mein Weg zurück, denke ich. Doch da ist die Straße zu Ende, da verläuft sie im Sand.

Dann geht es in den Russenwald. Fleischblumen blühen, Disteln, roter Mohn.

Bruder Leib, spricht der neben mir sich zu, es geht nach Jerusalem, und dann schlägt der sich die abgestrichene, nacktgerissene Brust.

Der Wald wird dichter. Föhnlicht und Zwielicht. Der neben mir sagt: Das ist der Todesweg, oder?

Mein Mund ist aber trocken, meine Zunge klebt.

Dann halten die Wagen, dann steigen wir aus. Dann gehn wir unsern Weg zu Fuß. Die Schnaken singen, die Spechte hämmern, der Eichelhäher schwätzt.

Vor mir die lange Reihe derer, die auf dem Pfad sind, der ins Dickicht führt. Ein boshafter steiniger Pfad, der unter den Füßen knirscht. Aus der langen Reihe, aus dem müden Strom, aus seinem Atem, Dunst heraus, drehen sich Wesen und irren zwischen die Bäume ab. Gibt der Mensch so seinen Geist auf?

Ein Stöhnen läuft durch die Reihe, vom Anfang lange vor uns, nach hinten auf uns zu. Der Strom bleibt stehn. Ein Wimmern, ein feiner Heulton dringt auf mich ein.

Da brennt mir die Kehle, da schreit mir der Mund, da schreie ich, da fangen mich die Unseren und binden mich an einen Baum.

Die Sonne ist untergegangen, Gras und Farn sind feucht, aus dem Wald kommt Kühle. Nackte werden in Gräben aufgestellt. Ein hohes Pfeifen ist in der Luft. Das sind die Todesminuten, die pfeifen, da stürzt die Zeit, das pfeift.

An den Grabenrändern stellen sie sich auf, keine bückt sich, um den Grund zu schauen, eh die Schüsse knallen. Ich habe nicht gewußt, daß Schüsse so laut knallen. Ich habe nicht gewußt, daß es noch vier, fünf Augenblicke dauert, bis Blut kommt, als würde Fleisch zuerst erschrecken, dann erst bluten. Je tiefer der Schuß, je näher am Tod, so länger der Schreck, das hab ich nicht gewußt, am längsten bei Herz- und Kopfschuß. Es dauert, kurz oder lang, das ist ganz gleich, denn solches geht nicht vorüber, es bleibt stehen, mitten in der Schöpfung, wie Blei, vermutlich ewig.

Dampf über den Gräben. Sie schütten Erde auf. Erde hebt sich vom Atem, senkt sich nieder. Erde wird aufgeschüttet, Erde bewegt sich. Sie greifen, fassen, atmen noch nach dem Leben!

Dann werde ich vom Baum gebunden. Meine Füße setzen sich in Lauf. Sie schießen mir nach, sie lachen.

Ich sitze jetzt auf einer Lichtung in der Sonne und erzähle mir, was ich nicht fassen kann. Ich muß es mir beschreiben, muß es mit Worten erfassen, es muß in Worte gefaßt sein, damit ich es fasse.

Wenn du schreibst, stirbst du nicht, hat Hanno mir gesagt.

Ich bin achtzehn Jahre alt, ich bin weggelaufen, sie haben hinter mir hergeschossen.

Bin ich fahnenflüchtig?

Statt eines Vorworts: »Ich finde mich mit mir nicht mehr zurecht«

Eine eigene Rezension

Ein ungewöhnliches literarisches Kunstwerk ist anzuzeigen: eine »nachgeborene« Frau, Jahrgang 1951, aus weitverzweigter hessischer Familie, mit fanatischen Nazis im eigenen Clan und jüdischer Großmutter, ermordeten Angehörigen, also Opfern und Tätern in naher Verwandtschaft, versenkt sich vier Jahre in die Seelenlandschaft der NS-Zeit. Im Haus der Großmutter, die überlebte, strömten, als die Autorin Kind war und bei ihr lebte, die versprengten Zweige der Familie zusammen und erzählen. Und was sie erzählten und was Ulla Berkéwicz aus der forschenden Versenkung mitbrachte, faßte sie in einen Roman, der in seinem Perspektivenreichtum bei einmaligem Lesen nicht auszuschöpfen ist. Die erste Lektüre macht atemlos, manchmal fast benommen ob der Überschwemmung mit der NS-Sprache, die die Autorin, ursprünglich Schauspielerin von Beruf, aufgesogen hat und einsetzt, als gälte es, in einem tosenden Strom zunächst den Halt zu verlieren und dann mühsam wiederzufinden.

Ulla Berkéwicz ist in den destruktiven pubertären Rausch der Deutschen eingedrungen, hat sich versenkt, und was sie mitbringt, ist eine Hochsprache nicht nur der Pubertät als eines individuellen Lebensalters, sondern der Pubertät als politischer Katastrophe. Der Held des Romans, Reinhold Fischer, ist, als er den Marschbefehl nach Rußland erhält, achtzehn Jahre alt; war vorher Jungvolkführer, ist Tagebuchschreiber und angehender Schriftsteller: so mindestens sein Lebensziel. Er hat die Literatur der Zeit, einschließlich ihrer rauschhaften ideologischen Apologeten, in sich aufgenommen. Der bewunderte Vater war 1932 in die SA eingetreten. Seine Heldengeschichten aus dem Ersten Weltkrieg haben dem Jungen früh den Kopf verdreht. Eine gemeinsame Reise 1938 nach Bayreuth verfestigt den Taumel des »nationalen Aufbruchs« in den Köpfen von Vater und Sohn, deren imaginärer Dialog den Roman begleitet bis zum bitteren

Ende. Aber der Vater, Fürsorger in einer hessischen Stadt, hat den Sohn auch in die Heilanstalten und Waisenhäuser mitgenommen, die ihm unterstehen. Früh schon macht Reinhold die grausige Entdeckung, wie das »Ahnenerbe« mit den Experimenten zur Liquidierung »lebensunwerten Lebens«, also der Euthanasie, in einem Bergwerk in der Nähe der Stadt beginnt.

Reinhold hat außerdem Kontakt zu einer studentischen Widerstandsgruppe, aus deren Berichten er Gegenbilder zur Propagandawirklichkeit erhält. Der Roman führt durch das Schwanken des Helden, durch die Aufschwünge, Zweifel, die Verstörungen der Identität, die scheinbare Rettung durch den Eintritt ins Militär. Eine Freundschaft mit dem Sohn eines NS-Bonzen, Hanno, den er glühend verehrt, öffnet ihm weiter die Augen für die Nachtseite des Terrorstaats. Hanno wird in eine Ordensburg der SS geschickt – zur nationalsozialistischen Erziehung zum Angehörigen einer Elite, der das Töten nichts mehr ausmachen soll. Er ist zu sensibel, zu widerspenstig und wird ermordet. Die schrillfalsche Totenfeier im Haus des Oberlandesgerichtspräsidenten bringt Reinhold ins Wanken: »Ich finde mich mit mir nicht mehr zurecht.«

Sein Glaubenwollen, die Ideologie, an die er sich geklammert hat, gehen zu Bruch, das Gebirge idealistischer Bindung, das sich in ihm aufgetürmt hat, kommt ins Rutschen. Noch als er an die Ostfront zu fahren meint, zwei Wochen lang, glaubt er an Bewährung für das Vaterland. Aber er sieht vom Zugfenster aus, was die Deutschen inzwischen angerichtet haben. Und er kommt nicht an die Front, sondern wird einige hundert Kilometer zurück einem SS-Sonderkommando zugewiesen, einer Bande kleiner Himmlers, die ihren Blut- und Vernichtungsrausch im Schnaps ertränken. Die vagen Informationen aus der Widerstandsgruppe »Trutzgesang«, aber auch was er früher bei der Ermordung des Rabbiners seiner Stadt gesehen hat, das Verschwinden der Juden (»sie werden im Osten angesiedelt«) – all dies schießt in einem einzigen Moment zusammen und wird zur »anderen«, vorher immer wieder mühsam verdrängten Wahrheit.

Reinhold Fischer desertiert, haust drei Monate allein im Wald, findet eine versprengte Gruppe von deutschsprachigen russischen Juden, mit denen er einige Zeit lebt und zu denen ein Mädchen gehört. Diese Zeit ist von Ulla Berkéwicz gestaltet wie ein sentimentales Märchen, vielleicht als Utopie der Annäherung, der Versöhnung der Völker und Rassen inmitten des allgemeinen Mordens. Aber so erhält der Held Zugang zu einer anderen geistigen Realität, über die er als Kind nicht einmal Fragen stellen durfte. Auch die geistige Verwirrung über das Rätsel einer verbotenen Kinderfreundschaft, die ihm der Vater mit autoritärer Brutalität ausgetrieben hat, ist in den Roman eingewoben und bildet eines der vielen Leitmotive. Bei der Heimkehr 1945 findet der Held das jüdische Mädchen als haßerfüllte Überlebende wieder und versucht ihr zu helfen. Der Untergang seiner Heimatstadt im Bombenhagel – schon früher, bei einem Heimaturlaub, nachdem er sich beim Rückzug der geschlagenen Armee wieder bei den deutschen Truppen mit einer Legende gemeldet hatte – ist in einem Inferno der Sprache wiedergegeben. Die »innere Front« der Heimat ist fanatisiert. Fanatisiert auch eine Jugendfreundin, die als »Gebietsmädelführerin« Durchhalteparolen schreibt, obwohl ihr Vater, ein SA-Freund von Reinholds Vater, bei der Röhm-Affäre ermordet wurden.

Eine Kollagentechnik erlaubt es der Autorin, die den Leser ohne jede kommentierende Begleitung der Überschwemmung durch die NS-Sprache, aber auch den oft hilflosen Ordnungsversuchen des Helden im Tagebuch überläßt, die Perspektiven dauernd zu wechseln. Dadurch muß sich der Leser den Prozessen im Innern der Figuren stellen. Obwohl der Zitatcharakter immer wieder deutlich ist, reißt ihn, falls er sich nicht verschließt, die aufgewühlte Sprache in seine eigene Verführbarkeit hinein. Wäre ich zehn Jahre früher geboren, so hätte dies der Roman meines eigenen Lebens werden können. Jüngere Leser verschlingen ihn, als säßen sie im Kino, das aus unbekannten und doch vertrauten Seelenwelten im Familienuntergrund berichtet. Aber er weckt auch Widerstand: So genau wollen manche es gar nicht wissen, in welchen Taumel die Generation der Eltern und Großeltern geraten ist. Dieser Taumel wird hier in einer oft expressionistisch verdichteten Sprache ausgeleuchtet. Der unbewußte Prozeß des Glaubens, Ahnens, Zweifelns, von Fanatismus und innerer Fragmentierung, von Verrat, Feigheit und Heldenmut, von Abwehr, Traum und Alptraum wird in kontrastierenden Episoden, Bildern, Rückblenden und Visionen wiedergegeben. An einer Stelle gebraucht eine der Personen das Wort »Infektion« für den geistigen Zustand der Deutschen. Ich habe diese Infektion noch nie so kunstvoll gestaltet gesehen, manchmal unter einem Selbstopfer der Erzählerin, die weder kommentiert noch wertet. Die erzählerische Distanz entsteht ausschließlich aus der kontinuierlichen Brechung der Sichtweisen: Deshalb wechseln die erzwungene Identifizierung mit der überwunden geglaubten NS-Mentalität und der Absturz in die Perspektive der Opfer und des Widerstands dauernd miteinander ab. Die Identifikationssprünge zwischen den Generationen, die Sehnsucht nach Kontinuität und gemeinsamem Sinn und die unvermeidliche Entfremdung reißen am Leser.

Ulla Berkéwicz hat es gewagt, einen begeisterten jungen Parteigänger des Nationalsozialismus zum Helden zu machen. Das Tempo, in dem er aus der Kindheit stürzt, ist gleichzeitig das Tempo seiner Desillusionierung, seines Erschreckens, der Entscheidung zum Desertieren wie zu Scham und Entsetzen über ein Vaterland, dessen verzerrtem Bild er sich opfern wollte. Ein Bildungsroman also, mit den ungeheuren Brüchen, die das Schreckensregime erzwang. Die innere Kontinuität liegt in Reinholds Aufzeichnungen. Fast möchte man es nicht glauben, wie eine vierzigjährige Frau aus anderer Zeit die Spracharbeit des zunächst gläubigen und später verstörten Gymnasiasten und jungen Soldaten nachleistet: Es gilt, auch seine Hilflosigkeit, die Anleihen beim Kitsch, das Pathos der ideologischen Sprechblasen zu ertragen, mit denen sein Gehirn bis zur Selbstentfremdung angefüllt ist und von denen er sich zu befreien versucht. Insofern könnte man von der konvulsivischen Selbstreinigung eines tief in die NS-Zeit verstrickten Kopfes und Herzens sprechen, einer Art Genesung von einer Krankheit, auf die sich Ulla Berkéwicz, wahrlich selbst nicht ansteckungsgefährdet, eingelassen hat, weil sie verstehen wollte: »Wie konnte das alles geschehen?«

Den Frauenfiguren ist weniger Entwicklung erlaubt als den

Männern. Den Helden liebt die Erzählerin, weil er aus der Verblendung aussteigt und trotzdem eine innere Kontinuität bewahrt. Sie muß einen inneren Bruder aus sich herausgeschrieben haben, besser, dem Jahrgang nach, eine väterliche Freundesfigur, der sie ihre ganze Sensibilität, ihr Wissen vom Animus in sich – im Jungschen Sinne – zur Verfügung stellt. So leiht sie ihm auch die ergreifenden Sätze, als beim Rückmarsch in Rußland Reinhold die geschwächten Kameraden um sich herum sieht:

»Mich faßt ein Mitleid an für ihren Leib, der so zur Erde stürzen muß, lautlos wie ein Mantel vom Haken. Und ich muß denken, daß sie jetzt an ihre Frauen denken, sie, deren Leib, den sie verlassen haben, grad irgendwo tief unter ihnen knirscht und erfriert. Muß denken, daß ihnen jetzt die Bilder der Eltern und der Freunde kommen, daß die in jener hohlen Gasse hängen, durch die sie alle müssen, und eines nach dem andern fällt ihnen von der Wand. Manch einer wird sie wiederhaben wollen, die liebsten Lebensbilder, er hebt den Kopf ein wenig, die Stirn, doch dann wird ihm die Stirn zu schwer.«

Diese Besprechung von »Engel sind schwarz und weiß« habe ich nach der zweiten, geruhsamen Lektüre des Romans und nach der Auseinandersetzung »Literaturkritik als Hexenjagd« mit knapp hundert Rezensionen, die meisten 1992 erschienen, geschrieben. Ich habe den Roman sehr oft an Freunde und Kollegen verschenkt und nach ihrem Urteil gefragt, und die Lektüre auch Patienten angeraten, in deren Familienuntergrund ich eine NS-Thematik vermutete oder kannte. Den meisten gefiel er, doch ist dieses Wort zu schwach: Sie ließen sich erschüttern, aufwühlen, orientieren und desorientieren. Sie spürten jedenfalls, daß da ein ungeheuerlicher Stoff in neuer Form und neuer Sprache verarbeitet wurde, der sich nicht leicht wegschieben ließ. Die meisten ließen sich von der Wortgewalt ergreifen, auch wenn sich hie und da ein Befremden, ein Zurückzucken und Nicht-Fertig-Werden mit der Sprache meldeten. Dazwischen lag die Auseinandersetzung mit dem Teil der literarischen Kritik, die den Roman durch Verrisse geradezu zu vernichten suchte.

Dann schickte ich das Manuskript meines Textes wieder an eine Reihe von Freunden und bekam viel Zustimmung. Nur eine sehr gebildete und streitbare Germanistin, die dem »schwülstigen« Roman skeptisch gegenüberstand wegen der »vielen falschen Töne«, schrieb mir einen zornigen Brief, aus dem ich einige Abschnitte zitiere, weil er mich auf das Phänomen der »wandernden Infektion durch den Haß« aufmerksam machte. Damit meine ich, daß der Geist des Nationalsozialismus so destruktiv und so voller Häme, Entwertung und Vernichtungswillen ist, daß er oft noch die zu infizieren versteht, die sich ihm kritisch oder wissenschaftlich nähern, und dann die, die über deren Schriften schreiben, und zuletzt die, die sich über die Kritik an den Wissenschaftlern und Romanciers äußern. Ich merkte an dem Brief, daß ich selbst dem Geist der hämischen Vernichtung partiell verfallen war, und ich möchte den Leser darauf vorbereiten. Ich habe die Schärfe meiner Urteile nur wenig verändert, vielmehr lasse ich sie stehen, um das Phänomen der Ansteckung durch Aggressivität zu illustrieren, auf das der Brief hinweist.

Die Freundin schreibt: »Ich stufe das Buch von Ulla B. nicht als volksgefährdend ein, vermisse auch keine pädagogischen Orientierungspfeile, finde es aber nach wie vor mißlungen. Noch subjektiver: Es gefällt mir nicht, und ich halte die vielen falschen Töne nicht für genial und absichtlich gewollt. Frauenfeindlich bin ich auch nicht, aber ich finde, auch Frauen haben das Recht auf Kritik; mehr Schonung als bei den Männern ist frauenfeindlich.«

Und dann die Kritik an meinem Stil der Auseinandersetzung mit den Kritikern:

»Ich lese Dich mit all Deiner Vehemenz, Deiner überquellenden Kampf- und Vernichtungsmetaphorik und Deiner Schwarz-Weiß-Malerei und erlebe Dich genauso verstrickt. Da gerätst Du auf manchen Seiten in eine aggressive Dynamik, in der ich ebenfalls haufenweise Vernichtungslust, Häme, affektive Verzerrungen, Durchblickertum, gönnerhafte Oberlehrermentalität, Lust an Entlarvungspointen, Ansteckung und allergische Reaktionen (alles Deine Vokabeln!) entdecke. Welcher Gaul ist da mit Dir durchgegangen?

Am Anfang schreibst Du, daß Dich das Ausmaß literarischer Vernichtung und menschlicher Entwertung der Autorin bewegt habe. Aber Deine Wortwahl und Dein Stil kommen dem sehr nahe und sind durch die Verteidigerrolle für die Autorin nicht überzeugender. Streckenweise hatte ich das Gefühl: Jetzt darf er endlich mal seine Brüder und Schwestern lustvoll und ohne moralische Skrupel prügeln, handelt es sich doch um einen Vergeltungsschlag im Verteidigungsfalle... so viel Destruktivität, die nicht weiterbringt.

Nochmal: Mir geht es um dieses Phänomen, das ich auch beim Schreiben dieses Briefes bemerke: aus welchen Quellen wird dieser Aufruhr, auch Deiner, gespeist, der nur noch den Splitter im Auge des Feindes ausmacht? Es ist kein gerechter, sondern ein hämischer Zorn, den ich jetzt auch bei mir, gegen Dich, bemerke. Der Beifall für diesen Text wird von Leuten kommen, die sich immer schon an Schlammschlachten erfreuten, wenn sie sich selber sauber raushalten konnten. Oder die Entlarverei geht weiter, zum Kotzen, ohne Aufklärungswert, sondern eine Atmosphäre erzeugend, die Rivalität und Besserwisserei weiter gedeihen läßt. Deshalb gefällt mir Dein Text auch nicht, er macht die Gedanken und Hinweise von Dir, die weiterführen könnten, unfruchtbar, da zu giftig gedüngt.«

Als wir im Freundeskreis wieder über diesen Kreislauf der Wut sprachen, kamen wir auf unsere Beziehung zu unserer Pubertät zu sprechen, und da wurde es sehr persönlich und sehr spannend. Als Fazit ließe sich sagen: Wir entdeckten, daß wir uns über Teile unserer Pubertät und die Weisen, wie wir mit ihr fertig oder nicht fertig geworden waren, schämten.

Der Text des Romans wie seine Sprache reaktivieren die Konfrontation mit diesem Lebensabschnitt. Vieles vom früheren Erleben möchte man für überwunden halten und es am liebsten beschämt verstecken. Und so scheint es auch vielen Kritikern gegangen zu sein, die Ulla Berkéwicz' literarische Konfrontation mit der jeweils eigenen wie mit der gewaltsamen und destruktiven Pubertät des deutschen Volkes am liebsten wütend beiseite gelegt hätten. Die kollektive kritische Reaktion war so massiv, daß ich es gewagt habe, Gabriel von Max' malerische Auseinandersetzung mit dem Thema Kunstkritik (»Affen als Kunstrichter«, um 1889) aufs Titelblatt zu setzen. Zugegebenermaßen ist dies eine neue Drehung der Spirale von Häme und Entwertung, aber der Leser mag urteilen, ob der Vergleich des Rezensionsgeschreis und meiner Reaktion darauf mit einem eher zoologischen Ereignis ganz unberechtigt ist.

Einleitung

Mehr als ein halbes Jahr habe ich mich von der Lektüre des Romans von Ulla Berkéwicz »Engel sind schwarz und weiß« abhalten lassen, weil ich einigen Rezensionen vertraute, die ich mir bei der normalen Zeitungslektüre so nebenbei »reingezogen« hatte. Und ich muß gestehen, daß ich mit einer gewissen Schadenfreude meinte: »Das muß ich mir also nicht antun!«, trotz oder gerade wegen der bilderreichen Werbung, mit der der Eintritt des Romans der Frau meines Verlegers, Siegfried Unseld, ins literarische Leben gefeiert wurde. Etwas weniger anpreisende Töne wären der Rezeption sicher besser bekommen, aber da mögen kleine Lektorenloyalitäten ebenso am Werk gewesen sein wie solide Überzeugungen sachkundiger Büchermacher. Doch meine niederen Instinkte waren geweckt: Ich kann Häme genießen, wenn sie berechtigt ist. Fällt man ihr jedoch ohne wirklichen Grund zum Opfer, so ist Scham die Folge.

Vernichtende Verrisse haben etwas Beruhigendes: Der Gerechtigkeit ist wieder einmal Genüge getan, eine Anmaßung hat ihre Strafe gefunden! Das Fragment eigenen Vernichtungswillens, das fast jeder in sich trägt, ist stellvertretend befriedigt worden. Erledigte Möchtegern-Genies sollen uns nicht weiter behelligen. Sind dann noch ernst klingende Warnungen vor der Lektüre mit der Rezension verbunden, so kann man sich außerdem im Bunde mit höherer literaturkritischer Sittlichkeit wiederfinden, im Bunde mit Aufklärung und, in diesem Fall, sogar noch im hehren Kampf gegen literarische Korruption und dreisten Protektionismus. Zumal der eigene Verlag im »Spiegel« als ein solcher Augiasstall dargestellt wird, der dringend ausgemistet gehört. Die Luft über meiner Tagesordnung, zu der ich befreit zurückzukehren meinte, war gereinigt. Schadenfreude verschönte mir den Tag: Die Reichen, die Mächtigen und die Schönen waren wieder einmal in ihre Schranken verwiesen.

Dann las ich in den Sommerferien 1992 den Roman und kam nicht mehr von ihm los. Er wühlte mich auf, spiegelte mir in Ansätzen die immer gefürchtete eigene Bedrohung durch den Nationalsozialismus, hätte ich ohne die vielverlachte »Gnade der späten Geburt« gelebt. Vieles aus dem eigenen Familienhintergrund wurde lebendig, viel mühsam überstandene Pubertät stieg beklemmend aus den Seiten, viel intellektuelle Verführbarkeit wurde deutlich, die nur langsam, und auch nur durch Psychoanalyse, einer allmählichen Aufhellung gewichen war. Wirklich wachgemacht hatte mich erst die journalistische Begleitung des ersten Auschwitz-Prozesses 1965 in Frankfurt.

Auf die »expressionistische« oder »spätexpressionistische« Sprache des Romans konnte ich mich, von gelegentlichen Störungen durch Überdosierung abgesehen, gut einlassen. Und daß das Eintauchen in die politische und geistige Verblendung des Helden wie seiner Umwelt zu einer tieferen Wahrheit führt, war mir durch den täglichen Umgang mit seelischer Verstörung, der eigenen wie der von Patienten, die sich in den letzten Jahren dem NS-Untergrund ihrer Familie stellten, evident. Daß die Romangestalten nicht auch noch über die Verwicklung der Großindustrie in die Hitler-Finanzierung diskutieren, fiel mir nicht auf, weil mir der Kosmos der Emotionen wie der Mystifizierungen plausibel erschien. Vor allem kam ich nicht auf die Idee, die Autorin selbst – mit ihrem jüdischen und arischen Familienhintergrund, zu dem auch ermordete Verwandte gehören – der Verfallenheit an die dampfenden Mythen zu verdächtigen.

Ich schrieb ihr, beschämt, daß ich so lange geschwiegen hatte, denn sie hatte mir den Roman geschickt, als sie meine Auseinandersetzung mit einem anderen Rezeptionsskandal gelesen hatte, nämlich die Untersuchung der Rezensionen des ebenfalls im Suhrkamp-Verlag erschienenen Buches von Anita Eckstaedt, »Nationalsozialismus in der ›zweiten Generation‹«. Das hatte sie wohl ermutigt, mir ein Bündel Besprechungen zukommen zu lassen. Und in der Tat, ich wurde fündig: Die Abwehr einer vertieften Auseinandersetzung mit dem Thema des »emotionalen Nationalsozialismus« und seinen mythischen und pseudoreligiösen Aspekten wird hier mit den Mitteln der Literaturkritik betrieben. Ihre dominanten Töne sind vernichtende Häme und eine gönnerhafte Oberlehrermentalität, die sich fast reflexionslos im Bund mit Aufklärung und Sprachkritik fühlt.

Die Autorin, von der ich sonst noch nichts gelesen hatte und die ich nicht persönlich kannte, schien erschrocken zu sein über das Ausmaß an literarischer Vernichtung und menschlicher Entwertung. Dies mag zwar kein Kriterium für die Beurteilung von Buchbesprechungen sein. Es sind schon viele Autoren gewankt unter der Wucht von Verrissen. Aber diese Verrisse reproduzieren leider etwas vom Geist nachfaschistischer Totschlage-Mentalität. Die Kritiker scheinen nicht zu spüren, daß sie Scharfrichter spielen und auf Verstand wie auf Herz der Autorin zielen. Eine merkwürdige Giftigkeit zieht sich durch viele Texte, so als müßten die Rezensenten sich einem krankmachenden Sog entziehen, der nur durch heftigste Gegenwehr eingedämmt werden kann. Was mich am meisten erschreckte, war die völlige Distanzlosigkeit hinsichtlich des eigenen emotionalen Erlebens, als könne dieses nicht zu einem wichtigen Erkenntnismittel werden, wenn man die eigenen Gefühle erst einmal als einen Indikator nimmt dafür, daß man Vorgänge bei der Rezeption eines Textes noch nicht verstanden hat. Deshalb spreche ich von unreflektierter Totschlage-Mentalität. Die Kritiker gebärden sich wie Ärzte, die eine gefährliche Krankheit bekämpfen müssen. Einige warnen vor dem Buch, als sei es politisch und moralisch ansteckend.

Seit vier Jahrzehnten schlägt sich die Psychoanalyse mit dem Begriff der »Gegenübertragung« herum, also den Gefühlen, die die Störungen eines Patienten unterschwellig im Therapeuten evozieren. In den letzten Jahren ist dieser Begriff auch auf fruchtbare Weise bei der Analyse von Literatur verwendet worden; er erhielt sozusagen germanistisches und literaturkritisches Bürgerrecht, nach langem Widerstand der Zunft. Ich verweise exemplarisch nur auf Carl Pietzckers Brecht-Biographie oder sein Buch »Lesend interpretieren. Zur psychoanalytischen Deutung literarischer Texte« (Würzburg 1992) und meine Untersuchung »Romane als Krankengeschichten. Über Handke, Meckel und Martin Walser« (Frankfurt 1985). Besonders wer so massiv kritisiert wie viele der Rezensenten, sollte sich, zumindest insgeheim, wenn er es schon nicht öffentlich wagt, über Ursprung und Bedeutung der durch ein literarisches Werk geweckten Emotionen Rechenschaft geben.

Hier ist aber nicht der Ort, psychoanalytische Bildung oder Interpretation der eigenen Affekte als ein mögliches Hilfsmittel für literaturkritische Analysen zu propagieren. Es geht mir um einen inzwischen etablierten Standard der reflektierten Selbstbeobachtung bei der Lektüre, der bei der Rezeption von Ulla Berkéwicz' Roman total verlorengegangen scheint. Selten habe ich ein so blindes kollektives intellektuelles und affektives Wüten erlebt. Da es nicht oft vorkommt, daß man drei Pfund Rezensionen durcharbeitet, steht man auch selten vor dem Phänomen, daß in Massen auftretende individuell-intellektuelle Stimmungen plötzlich geballt auf einen niedergehen; erzeugt von Menschen, denen man, ihre affektive Ruhelage vorausgesetzt, bisher im ganzen intellektuell vertraut hat.

Viele Rezensenten berufen sich darauf, daß der Nationalsozialismus insgesamt inzwischen ausreichend verstanden sei, ökonomisch, sozial, geistesgeschichtlich, politisch und emotional. Deshalb erscheint vielen dieser Roman nicht nur als überflüssig, sondern als geradezu gemeingefährlicher Versuch einer außerdem *nachgeborenen* Frau, die affektiven und sprachlichen Dimensionen der Verstrickung noch einmal auszuleuchten. Manche verfielen offensichtlich in bedrohliche Langeweile. Andere gerieten in Angst, der erreichte Stand der Aufklärung könne wieder gefährdet werden, wenn der Leser eintauche in die kollageartig montierten Sprachschichten und mythischen Verlockungen. Wieder andere erlebten den Roman daher als symptomatisch für die gefährliche Remystifizierung von Politik und diagnostizierten eine bedrohliche Simplifizierung, da im Roman nicht sämtliche möglichen Begriffssysteme gleichzeitig appliziert und der Forschungsstand von Politologie und Soziologie, samt der heutigen wissenschaftlich-historischen Erkenntnis, nicht mitverarbeitet wurden.

Vor ein paar Jahren ist ein Bundestagspräsident gestürzt, dem man vorwarf, er spreche, entgegen allgemeinen Sprachregelungen des öffentlichen Diskurses, vom »Faszinosum« des Nationalsozialismus. Dabei hatte er naiverweise nur vergessen, Zitate kenntlich zu machen. Nun, in dem Roman ist dieses Faszinosum Gestalt geworden, benannt bis in die Niederungen kollektiver Erkrankung, und gleichzeitig sind seelische und geistige Gegenwirkungen zu spüren, die doch vor tieferem Sich-Einlassen nicht ausweichen. Das für mich zentrale Thema des Romans sind die Verstrickungen der Gefühle, Gedanken und Handlungen. Die Helden wußten noch nicht viel von den ökonomischen und sozialen Hintergründen der Hitlerzeit, und sie wußten ebenfalls noch nicht, daß die Propaganda *auch* eine teuflische Inszenierung war, selbst wenn die Techniker der Volksverführung vieles von dem selber glaubten, was sie als Religionsersatz anboten. Denn daß der Nationalsozialismus in ein ideologisches und religiöses Vakuum stieß oder zerfallende Ideologien und Religionsfragmente ersetzte, ist doch anerkannt, auch wenn es noch unendlich viele andere Faktoren gibt.

Ich war bei der Lektüre so fasziniert vom seelischen Wissen der Autorin, daß ich sie brieflich fragte, ob sie Brüder oder männliche Verwandte habe, die ihr Auskunft aus dem eigenen Erleben, dem Augenschein und lebendiger Zeugenschaft gaben. Zu stimmig erschien mir vieles, als daß ich es der gebildeten inneren Rekonstruktion einer Nachgeborenen zutraute. Das, was ich derart formulierte, taucht in den Kritiken auf als der Vorwurf: »Wer das alles nicht selbst erlebt hat, vor allem Krieg und Terror, soll auch nicht darüber schreiben!«, eine Art Maulkorb-Erlaß, der, gälte er mit Gesetzeskraft, vermutlich die Weltliteratur stark reduzieren würde.

Erschreckt hat mich, wie gesagt, das reflexionslose Zuschlagen. Ich bin nicht bei einem der Rezensenten auf einen Binnenraum in der Seele gestoßen (ich verwende das etwas altmodische Wort Seele), in dem sich wenigstens in Ansätzen gespiegelt hätte, daß er berührt war. Anscheinend muß man sich nicht mehr selbst geistig und seelisch orten, um Literaturkritik bei einem so aufwühlenden Thema als Volkspsychohygiene mit dem Rattengift des Wortes zu betreiben. Ich behaupte, daß die Sprache der Rezensionen getränkt ist vom unkenntlich gewordenen Ungeist des Nationalsozialismus, nur in feingeistigen Dimensionen. Die

Hinrichtungsmentalität, die latente Frauenfeindlichkeit, eine Haltung von Verdächtigung, gönnerhaften Überlegenheitsgefühlen, eine Art Nachtrete-Gesinnung, eine Mischung von Neid und psychischen Diskreditierungsabsichten liegen auf der Hand. Man kann studieren, aus welch komplizierten Beigaben so etwas wie Häme bestehen kann.

Zwei exemplarische Rezensionen

Bevor ich diese gewiß schwerwiegenden Vorwürfe genauer zu belegen versuche, möchte ich die beiden Rezensionen, die mich von der Lektüre des Buches lange abhielten, fast vollständig vorstellen. Sie enthalten exemplarisch die Grundtonarten der kritischen Rezeptionsmusik: die gönnerhafte Überlegenheit ohne eigenes Berührtsein und die giftige Häme. Bei beiden Haltungen müssen sich Kritiker auf den Inhalt des Romans und ihr Erleben bei der Lektüre gar nicht erst einlassen. Die Vernichtung des Textes wie der Autorin als Mensch scheint übergeordneten Gesichtspunkten zu folgen, die jedoch kaum benannt werden. Der eigene Bezug zum Thema Nationalsozialismus bleibt draußen. Der Leser darf aber annehmen, daß es sich um überlegene Auf- und Abgeklärtheit handelt, sozusagen um eine Bewältigung, die keine seelischen Spuren hinterlassen hat und die also zur Exekution ohne Anhörung des Delinquenten berechtigt.

Die erste Kritik stammt aus meiner Heimatzeitung, der »Badischen« (18.7.92), und ist von Martin Ebel geschrieben. Die intensive Abwehr allen Berührtseins verwundert bei ihm um so mehr, als er bei den seit Jahrzehnten stattfindenden psychoanalytischen Freiburger Literaturgesprächen die neuere Rezeptionsstrategie, die den Gemüts- und Geisteszustand des Lesers bei der Deutung einbezieht, kennenlernen konnte. Doch es findet sich nichts von seelischem Nachhall in seinem Text. Es war vielleicht ein Schauder, und der durfte nicht sein. Ganz ähnlich ist übrigens die »Psyche«-Redaktion (August 1992) verfahren bei ihrer Auseinandersetzung mit meiner Kritik an A. Mitscherlichs Buch »Die Unfähigkeit zu trauern«, abgedruckt in »Vorsicht Berührung« (Frankfurt 1992): ein denunzierendes Trommelfeuer ohne die geringste Reflexion und Preisgabe des eigenen Standorts und der biographischen Position. Das NS-Thema weckt noch immer pure Kampf- und Denunziationsinstinkte.

Dem Klang der Überschriften, die als »Schlagzeilen« die Ergüsse präludieren, werde ich einen eigenen Abschnitt widmen. Sie haben sicher viele Leser schon vor der Lektüre eingestimmt, wenn nicht entmutigt, überhaupt zu beginnen. Doch nun zum Text von Martin Ebel:

Alle Stimmen tönen falsch
Ulla Berkéwicz' mißglückter Versuch, den Nationalsozialismus literarisch zu bewältigen

Philipp Jenninger hat es seinerzeit, zum 50. Jahrestag der »Reichskristallnacht«, versucht – sich in die Geisteshaltung der Deutschen im »Dritten Reich« rhetorisch hineinzuversetzen. Was ihm katastrophal danebenging, weil er Darstellung und Rechtfertigung sprachlich nicht mehr auseinanderhielt, in der Literatur wäre es möglich: Hineinzugleiten in die Verirrungen von damals, ohne das Wissen von heute dabei fahren zu lassen.

Ulla Berkéwicz hat es versucht – verständlich zu machen, warum Millionen von Jugendlichen mit ihrem Führer durch dick und dünn wollten und ihm folgten, bis Europa in Trümmern lag. Ein nobles Vorhaben, schrecklich gut gemeint und ganz und gar mißraten.

Das liegt nicht am Handlungsgerüst; ihren Reinhold könnte es trotz mancher Unwahrscheinlichkeiten schon gegeben haben: Kleinbürgerliche Kindheit, der Vater geht zur SA, Mutter in die Kirche. Eintritt ins Jungvolk, dort die Stufenleiter hinauf; ein vergeistigter Freund, von ferne Mädchen. Der Krieg im Osten; Reinhold taucht nach einem Massaker unter und schlägt sich zurück in die Heimat durch, rechtzeitig zum Zusammenbruch.

Daraus läßt sich natürlich ein Roman machen – wenn man es kann. Ulla Berkéwicz kann es nicht. Sie hat für ihre Figur keine Sprache, sondern eine Mischung aus Schwulst und Nüchternheit, aus Märchen- und Bürokratenton, Spät-Expressionismus und dem Gerede von heute. Ohne Sprache kann aber keine Figur leben, auch dieser Reinhold nicht.

Und so glaubt man ihm nichts – nicht das Tagebuch, nicht die Dialoge mit dem Freund Hanno oder dem »Mädchen Mechthild«, weder den faulen mystischen Zauber noch die Zweifel. »Wir alle ahnen, daß in nicht allzu ferner Zukunft Probleme an den Menschen herangetragen werden...«: So – wörtlich! – redet Hitler in diesem Buch, der Psychopath als Vorläufer des Psycho-Jargons, so falsch tönen auch alle anderen Stimmen. Und die Stilblüten wachsen und wuchern zu einem ganzen Urwald zusammen.

Es hilft nichts. Diese Autorin hat einfach kein Sprachgefühl. Und selbst bei Suhrkamp, wo man die literarischen Ansprüche durchaus heruntergeschraubt hat, könnte ein solches Buch wohl nicht erscheinen – wenn Ulla Berkéwicz nicht die Frau von Verlagsleiter Unseld wäre.

Ende der Durchsage. Manchen Rezensenten ist wenigstens die Kollage- und Zitattechnik aufgefallen. Wie man an einem einzigen, vielleicht sogar authentischen Satz von Hitler Sprachunfähigkeit diagnostizieren kann, ist mir ein Rätsel. Und was an diesem Satz Psycho-Jargon sein soll, ebenfalls.

In eine infame Richtung geht die »Spiegel«-Besprechung von Peter Stolle (20.4.92). Da ist nun der Autorin im Höhnen des in seine Pointen verliebten Rezensenten keine Chance gelassen, weder literarisch noch menschlich, etwas Sinnvolles produziert zu haben. Hier der leicht gekürzte Text:

Völkischer Bettnässer
Die Frankfurter Poetin Ulla Berkéwicz bewältigt die Nazivergangenheit: hoher Anspruch, tiefer Fall

In der deutschen Literatur belegt seit zehn Jahren die bekennende Nekrologin Ursula Berkéwicz ein schattiges, aber wohltemperiertes Plätzchen...

Ulla Berkéwicz, 40, gelernte Schauspielerin und rein äußerlich Freund Hein noch erfreulich fern, ist ein extraordinärer Pflegefall im Literaturbetrieb. Die Kritik begegnet ihr mit ausgesuchter Höflichkeit, seit sie 1990 ihren Verleger, den Suhrkamp-Chef Siegfried Unseld, ehelichte – den machtbewußten Frankfurter Buchproduzenten, mit dem niemand in der Branche sich gern verzankt. Berkéwicz-Werke liegen Unseld naturgemäß besonders am Herzen. Und Suhrkamp-Autoren, die dem herrschenden Siegfried erotisch nicht so nahestehen, klagen schon mal über deutliche Präferenzen im Werbe-Etat für die Kollegin Ulla.

Nun hat der Verleger wieder eine Gelegenheit zu tätiger Gattenliebe. Die umhegte Tristessima hat erstmals einen Roman in die belletristische Welt gesetzt, den Suhrkamp als Höhepunkt seiner Frühjahrskollektion weiträumig anpreist... Es ist ein Epos mit höchstem Anspruch. Hier beweise die Romancière Berkéwicz, so lobsingt der Verlag, »den Mut, in die mythischen Hintergründe des Nationalsozialismus erzählerisch einzudringen«. Und jeder Leser soll nun »hören, welcher Zauber im innersten Kelch der braunen Blume gesungen wurde«. Mit wahrem Tollmut vertieft sich die fabulierende Floristin, am Beispiel einer hessischen Kleinbürgerfamilie, in die psychischen Abgründe des gewöhnlichen Nazismus.

»Ein deutscher Junge weint nicht!« – nach diesem kernfaschistischen Zuchtideal wächst eichenhart auch der Knabe Reinhold Fischer hinein in die neue Ära »willenhafter Männlichkeit«. Magda, die Mutter, ist eine stillgeduckte Katholikin. Vater Heinrich trägt viril die Knobelbecher der SA und findet es empörend entartet, daß sein reinrassiger Sohn mit der Tochter jüdischer Nachbarn spielt. Folgsam boykottiert Reinhold »das Rachele« und penetriert die Geheimnisse der »arischen Lichtmystik«.

Kein Wunder also, daß in dem früh erweckten Hitleristen der Wunsch aufkeimt, dem Deutschen Jungvolk beizutreten. »Still von den hohen Gedanken« und »mit tiefen Augen« erlebt der Pimpf die Fahnenweihe, dort ergibt er sich Hanno, dem Mann seines Lebens. Mit ihm, dem Sohn eines hohen SS-Führers, schließt der aufstrebende Jungzugführer unverbrüchliche Freundschaft. Hanno lehrt ihn, daß »wir Sterblinge« sind, »bloß Jämmerlinge, wenn wir uns nicht ins Innere schauen«. Erregt mustert Reinhold den vergeistigten Volksgenossen. Am 5. November 1938 schreibt er, 15jährig, aufgewühlt und beschämt in sein Tagebuch: »Ich habe ins Bett gemacht.«

Nun kommt der verliebte Bettnässer nicht mehr zur Ruhe. Erhitzt erklimmt er den örtlichen Ziegenberg, um mit dem intro-

spektiven Vollideologen Brüderschaft zu schließen. »Die Nacht, der Mond! Glühkäfer und Blätterrauschen!« Romantisch erleuchtet, stammeln die ekstatischen Blutsbrüder den Treueschwur. Anderntags liegt Reinhold »zitternd in der Morgenfreiheit«, und »dann war das Bett wieder naß«. Mutter Magda schaut wissend auf das Feuchtbiotop und sagt sensibel: »Der Bub ist ein Mann geworden heut nacht.«

Die Matura trennt die Nazi-Bluter. Hanno entschwindet zur Weiterbildung in eine Ordensburg, wo er nicht nur »das kalte Licht Luzifers«, sondern auch »die geheime Priesterschaft der Totenkopf-SS« kennenlernt und eine ominöse »Blutseele« erblickt. Grämlich bleibt Reinhold zurück, kein volksblondes BDM-Mädel, keine lockend gezopfte »Gebietsmädelführerin« spricht den verklemmten Sterbling sexuell an, auch die adrette Mechthild, die sich im Kino lüstern an ihn schmiegt, geht unbefriedigt ins Bett.

»Weiber, was fange ich mit Weibern an!« notiert er verächtlich in sein pubertätswütiges Tagebuch und läßt, in ständiger Beschäftigung mit Blut und Boden, »eine Erzitterung nach der andern über mich ergehn«. Allenthalben aber klopfen an die Schicksalspforte schon die »Engel der Finsternis«, die in Scharen fortwährend den Roman durchflattern.

Erzitterungen suchen stoßweise auch den tolerantesten Berkéwicz-Leser heim, der im Nebel dieser wabernden Großraum-Prosa nach Luft ringt. In Schwulst und Bombast versinkt das ernste Thema. Massenwahn und Millionenmord des Nazi-Terrors. Hinterm aufgeblasenen Mythos verschwindet die grausame Realität. Distanzlos berauscht sich Ulla Berkéwicz an der Sprache, die sie doch eigentlich karikieren und entlarven will, und endet lächerlich in spätexpressionistischem Kitsch. Es ist zuweilen so, als habe sich ein zeitversetzter Anton Wildgans ins Dritte Reich geschnattert.

Poet und völkischer Beobachter will ja auch Reinhold werden, »in den alten hohen Sprachen dichten und mir neue darüber erfinden«, so spricht er tremolierend zum Fräulein Elsa Burger, das ihn nach homophiler Entrückung endlich in die leibliche Weiblichkeit einführt. Es kommt zu einem technisch bemerkenswer-

ten Geschlechtsverkehr (»Ich ließ mich über der Geliebten los und tat ihr als Mann damit nicht weh«). Anschließend kehrt das Liebespaar »Hand in Hand aus dem Land zurück, das hinter dem Tod liegt« ...

Im Krieg, an der Ostfront, erlischt endgültig seine vaterländische Glut. »Vater, Mutter, ein Mitleiden fällt mich an!« schreibt er fallsüchtig im Feldbrief, unentwegt »brennt mir die Kehle, schreit mir der Mund«. Der gewendete Reichsmystiker und Zwerg-Nietzsche desertiert in die russischen Wälder, wo »die wilden Tiere sich rotten« und die aufdringlichen Engel wüten. Versöhnliche Nornen schließlich führen ihm heim ins Hessische, wo ihn die verdiente postfaschistische Existenzkrise ereilt – »die Strafe dafür, daß ich ehedem so berstend vor Sinn einherging«.

Vater Heinrich ist so gekränkt vom Verlauf der Weltgeschichte, daß er mit den Wehworten »Ich weiß so wenig mehr, was Gott ist, daß ich mich selber nicht mehr weiß« pünktlich zum Kriegsende den arischen Löffel abgibt. Nur die gesinnungsfeste Mechthild sucht weiter »den Führer in meinem Innern«. Zum Finale fragt Reinholds bekümmerter Bruder: »Wie konnte das alles geschehen?«

Das aber erschließt sich allein den Erzengeln des Suhrkamp Verlags und ihrer Gebietsmädelführerin Ulla.

Wahrscheinlich fühlt der Kritiker außergewöhnlichen Mut vor »Fürstenthronen«; außerdem verunglimpft er seine sämtlichen Kollegen gleich mit, so als lägen sie vor dem »machtbewußten Frankfurter Buchproduzenten« alle feige auf den Knien, weil sich mit ihm keiner gerne verzankt. Stolle aber wagt es! Die kleinen Zitate sind so geschickt herausgepickt, als sei das ganze Buch ein primitiver pubertärer Erguß ohne Kompositionsprinzip und ohne durchdachten Bauplan, die ich weiter unten nachzuzeichnen versucht habe. Dabei halte ich einen solchen Kritiker-Text schlicht für postmoderne Stürmer-Prosa, die sich an der menschlichen Verächtlichmachung der Autorin weidet. Der exekutierte Text hat keine Chance, auch nur wahrgenommen zu werden.

Urteile zur Sprache und zur sprachlichen Form des Romans

Unnötig zu betonen, daß ich dem Leser wünsche, er läse den Roman »Engel sind schwarz und weiß«, bevor er diese Streitschrift studiert, weil er dann weiß, worauf sich die Urteile, Vorurteile und Invektiven beziehen. Manche Kritiker sind ambivalent und wechseln ab zwischen Lob und Tadel, konzedieren Gelungenes neben »komplett Mißratenem«. Vorweg möchte ich auf die häufig zu findende Gönnerhaftigkeit des Ansatzes hinweisen, der das Unterfangen, die NS-Zeit literarisch zu bewältigen, »im Prinzip« für enorm lobenswert hält: Es läßt sich ein interessanter Kontrast herausarbeiten zwischen dem Edelmut, mit dem die gute Absicht eingeräumt wird, und der Kläglichkeit des Scheiterns. So schreibt etwa Jochen Hieber in der »FAZ« (14.4.92):

»Ehrenwerte Gesinnung also ist der Autorin ebensowenig abzusprechen wie existenzieller Ernst. Dem Roman jedoch vermag dies alles nicht zu helfen. Er riskiert viel und verunglückt sehr.«

Dabei spielt das Problem, wie die pubertäre politische und geistige Verwirrung oder die glühende Gläubigkeit des »Zöglings« Reinhold und seiner Freunde dargestellt werden, eine Rolle. Ulla Berkéwicz löst es durch eine sich selbst verbergende Identifikation mit seiner Sprache, so wie sie sich mit allen Sprachstilen, die sie montiert, zunächst zu identifizieren versucht. Dazu gehört Mut, weil man sich auf eine Bedrohung des eigenen Ichs einläßt. Viele Rezensenten vermögen aber nicht mehr zu unterscheiden zwischen dieser oft befremdenden, ja aufwühlenden Technik und dem erzählerischen Ich der Autorin. Sie setze uns, sagen sie, zu intensiv jenem Kitsch aus, den wir jahrzehntelang immer wieder kühl als Kitsch entlarvt haben und gegen den wir doch immun sind. Aber warum fürchtet man sich dann immer noch, die malerische und bildhauerische Nazikunst umfassend zu zeigen? Es ließen sich dort ja genug pädagogische Warn- und Interpretationstafeln aufstellen. Die Ausstellung »Entartete Kunst« ging inzwischen um die halbe Welt. Will man nicht wahrhaben, daß unsere Eltern diesem Kitsch erlegen sind, sozusagen im parfümierten Vollbad, und wir doch nicht ganz immun sind?

Der Kitsch wird direkt als der wesentliche Seeleninhalt der Autorin selbst halluziniert. »Der Innenraum heißt Kitsch.« (Hieber) Das führt schnell dazu, die zitierte oder nacherfundene Sprache des Kitsches oder der Pubertät der Autorin anzulasten:

»Spätestens mit der frühen Entscheidung fürs Tagebuch (des Helden, T. M.) als grundlegendem Element des Romans bahnt sich die Erzählniederlage von Ulla Berkéwicz an. Was ihr als Möglichkeit zu extrem unmittelbarem, ungefiltertem und damit wahrhaftigem Schildern vorgeschwebt haben mag, rächt sich bitter an ihrer Prosa. Was freilich so verwunderlich nicht ist. Denn was erwartet man vom Schreiben eines Pubertierenden? Pubertäres allemal. Und so kommt es denn auch, fast dreihundert Seiten lang.« (Hieber)

Abgesehen von dieser Übertreibung müßte doch ein Gedanke darüber möglich sein, warum ein ganzes Volk dem Kitsch erlegen ist, obwohl es Bildung und Seele einbringen wollte in die Politik. Natürlich wäre dessen pure Reproduktion noch keine Kunst, aber die Komposition des Romans ist verzweigter und vielschichtiger, als es die Kritiker im ersten Sturm des Affekts sehen. Das Argument vom in die Seele der Autorin verlegten Kitsch oder gar ihrer eigenen NS-Hörigkeit ist deshalb so infam, weil Ulla Berkéwicz selbst teilweise jüdischer Abstammung ist und Verwandte von ihr ermordet wurden. Auch dies natürlich wiederum kein ästhetisches Argument für die Literaturkritik, soll es auch nicht sein, sondern nur ein Appell an den gesunden Menschenverstand, der es als schlicht unwahrscheinlich erscheinen läßt, daß die Autorin eigene Räusche von später Faszination auslebt. Grotesk, aber klug orchestriert ist also bei Hieber zu lesen:

»Fatal ist dabei nicht, daß Ulla Berkéwicz den ›Zauber‹ aufscheinen läßt, fatal ist, daß sie ihm anheim fällt, weil sie den bombastischen Wörterrausch ohne jeden ästhetischen Widerstand ganz einfach reproduziert.« In der Tat hat sie dem Leser keine pädagogischen Spruchtafeln auf den Weg durch den »Urwald« mitgegeben, stirnrunzelnde, empörte oder Ekel verratende Leseanleitungen für die Immunisierung des möglicherweise anfälligen Rezipienten. Der Widerstand wird ihm schon selbst zugemutet. Er wird dem Sprach-Rauschen gerade ausgesetzt, in der Hoffnung, er könne allein ans rettende Ufer schwimmen und habe eigene Widerstände zu mobilisieren.

Die Kritiker rechnen aber, wie ich im Abschnitt über die pädagogischen Zeigefinger vieler Rezensionen zeigen werde, nicht mit einem mündigen oder mündig werden wollenden Leser, sondern es herrscht ein Ton der Warnung, der Bevormundung und des Tadels, weil die intellektuelle Distanz zur NS-Zeit, an die wir uns heute gewöhnt haben, im Buch vorübergehend aufgehoben scheint. Deshalb immer wieder der Verdacht des geistigen, ästhetischen und ethischen Verfallenseins der Autorin. Man denkt unwillkürlich an den berühmten Buchtitel »Vom natürlichen (moralischen? physiologischen?) Schwachsinn des Weibes« als einer konventionellen Diagnose des Patriarchats:

»Allem Anschein nach war das, was nach Empathie, nach Einfühlungsbereitschaft aussah, am Ende nichts anderes als der ureigene Stil der Ulla Berkéwicz.« (Hieber) Man muß seine eigene jugendliche oder pubertäre oder verführbare Seele total still legen, um so viel sicheren Abstand vom Eingefangenwerden zu wahren. Oder ist es manchen Rezensenten einfach nicht möglich, sich dem seelischen Abenteuer, in diese Sprachwelten einzutauchen, zu überlassen? Sie diagnostizieren vom sicheren Ufer aus, daß es trübe Fluten sind, und verdächtigen die Autorin der naiven und selbst schlammigen Produktion von Schlamm.

Den seelischen Totstellreflex, ohne den manche Kritiker das aufwühlende Buch nicht bewältigen, führt am eindringlichsten Hubert Winkels in der »Zeit« (8.5.92) vor:

»Der Roman verschlägt einem die Sprache. Nicht etwa, weil sein Thema, der menschenverachtende Wahn und die menschenvernichtende Praxis des Nationalsozialismus, den Leser bedrängte, nicht etwa, weil das Schicksal des jungen Helden, des tumben, sich in Leiden und Liebe läuternden Helden Reinhold Fischer ihn rührte, nein, die Sprache selbst ist es, diese metaphorisch überanstrengte, dauererregte, mit Märchen, Mythen und Mystik vollgesogene und aufgespreizte vorgebliche Darstellung eines seelischen Innenraums der Geschichte, diese laute und falsch tönende Darstellung deutscher Phantasmen, die einen nach 350 Seiten empfindungslos zurückläßt. Als ob man nach einem großen Lärm eine Weile nichts mehr hört.« Keinerlei Bereitschaft, sich auf die vielgestaltigen Töne erst einmal einzulassen. Vielleicht verderben einem ein paar Jahre literaturkritischer Textanalyse wirklich die Fähigkeit, vom erreichten Stand der intellektuellen Sprachdiagnostik und Diskursanalyse herunterzusteigen, man ist ja immun! (Kein germanistisches Semesterprogramm ohne wiederkehrende Analysen von »Zeichensystemen« wie von Trivialliteratur, die einen dann natürlich nicht mehr anrühren darf.) Dabei ist der Text keine Trivialliteratur, sondern ein Versuch, sich der Sprache in ihren verschiedenen Aggregatzuständen, auch bösartigen, berauschten und mystischen, auszusetzen.

Man kann aus Angst vor dem faschistischen Seelenanteil in einem selbst, mehr aber noch vor dem bei anderen vermuteten, auch erstarren vor Schreck. Wenn man die Zuschreibungen der Kritiker an den Text oder die Autorin gelegentlich rückbezieht auf den Nationalsozialismus selbst, dann wirken der Schauder und das seelische Schlingern, das die Rezensenten dem Roman vorwerfen, allerdings wirklichkeitsangemessener. Es ist, als träfe die Wut dann nicht so sehr einen sicher nicht gelassen-kühlen Text, sondern die Affekte, in die uns das Phänomen NS stürzen kann. Und vor diesen Affekten möchten die Kritiker wohl gerne vom Autor beschützt werden. Bewältigen heißt offensichtlich: Nichts mehr fühlen müssen! Sicher ist die Frage nach der Authentizität oder nach dem Kunstcharakter oder der Funktion von grotesken Übertreibungen wichtig. So heißt es bei Winkels:

»Kaum eine Figur spricht im normalen Alltagsjargon (wie lautete der wohl bei idealistisch verstrickten und literatursüchtigen Primanern eines Provinzgymnasiums bei Kriegsbeginn? Ist der Rezensent da kundig? T. M.), alle deklamieren, phantasieren oder philosophieren. Das Personal des Romans redet in Stimmen.« Sehr gut beobachtet! In der Psychoanalyse spricht man vom Konzert der inneren Stimmen, die oft pure Anleihen sind aus unbewältigten Identifikationen; von Fragmenten des falschen Selbst, von nicht mehr bemerkten Angleichungen an Sprachstile der Umwelt oder von Büchern oder Vorbildern. Es ist also normal und literarisch beinahe als notwendig zu bezeichnen, wenn der oder die Helden mit ordinären oder weihevollen NS-Zungen reden. Stolz erkennt der Rezensent einige davon:

»Einiges läßt sich identifizieren: Paul Lagarde, Alfred Rosenberg und Houston Steward Chamberlain geben die markigdeutschen Stichworte, manchmal wabert es wagnerisch, manchmal tönt Nietzsche aus Schülermund, Novalis und Hölderlin kreisen um ein tiefes Innen, die Offenbarung des Johannes steuert Apokalyptisches bei...« Richtig! Vielleicht waren die Hirne ja wirklich vollgestopft damit, sonst wären die akademischen Bildungsbürger, deren Kinder und Enkel heute alles besser wissen, damals nicht massenhaft dem »Wahn« verfallen – bis in die Universitäten, wo zum Teil nur noch in NS-Zungen geredet wurde, als handelte es sich bei den Wissenschaften um rassistische oder religiöse Einübungen.

Und nun kommt wieder das Argument, daß *das alles* deutlich sichtbar mit Distanz und Gelassenheit geschildert werden müßte, so daß die »Verwirrung« gleich »mitdargestellt« wäre: »Das alles könnte angehen, wenn es der Darstellung einer intellektuellen und psychischen Verwirrung diente, eines geistigen Ringens auch oder einfach eines Wahns. Das Problem ist aber, daß die Sprache des Romans selbst vom raunenden Beschwören, von der ungehemmten Phantasmatik, von der rauschenden und berauschenden Bilderflut wesentlich geprägt ist; daß die Darstellung selbst dem Dargestellten unterliegt.« Nun könnte das ja gerade das Ziel sein, um den Leser seinem eigenen Katzenjammer zu überlassen. Aber den soll er nicht haben. Die Präzeptoren wissen, wie man Romane schreibt, auch über Wahn- und Schreckenswelten, in denen verwirrende Stilbrüche nicht vorkommen dürfen:

»Der Roman hat die Nähe zum synkretistischen Jargon zwischen nationalsozialistischer Weltanschauung und mystisch-religiöser Gegenführung gesucht und ist darin umgekommen. Man kann den Konstruktionsfehler auch kühl benennen: Ulla Berkéwicz' Erzähler ist ein Wechselbalg, mal hektischer Berichterstatter, mal Stimmenimitator; meist nimmt er im inneren Monolog die Perspektive des jungen Reinhold ein, zwischenzeitlich schwingt er sich jedoch zum distanzierten Beobachter auf; letztlich ist er selber ein delirierender Teil eines deliranten Romans.« (Winkels) Genauer kann man die Sprachzustände vieler von der geistigen und politischen Wirklichkeit massenhaft zu schizophrenienahen »borderline«-Zeitgenossen gemachten Jugendlichen eigentlich nicht charakterisieren: ein Pendeln zwischen Exaltation, Leihstimmen und kalter Genauigkeit. Aber es ist schwer, sich mit einem Helden zu identifizieren, den es durcheinanderschüttelt in der Selbstentfremdung, die doch nach »Echtheit« sucht; da ist es schon leichter, ihn als Wechselbalg zu denunzieren, dann hat er in unserer Seele auch nichts mehr zu suchen.

An diesem Punkt stellt sich eine interessante Frage: Winkels scheint zu spüren, daß jemand »auf der Flucht« ist. Aber wer wovor flieht, ist unklar. Der Kritiker verdächtigt natürlich sowohl den Helden wie die Autorin. Nun sind ja Flucht, innere Emigration, äußere Emigration, Wirklichkeitsverlust, Derealisierung, alle Zwischenstufen zum Wahn, zum Eskapismus, zum Totstellreflex große Themen im Zusammenhang mit der NS-Zeit. Die wachsende Anzahl der Arbeiten über das »große Schweigen« in den Familien nach 1945 zeigt, wie unberührt die NS-Fragmente im Untergrund der Familien konserviert wurden. Entwirklichung ist der zentrale Mechanismus, auf dem Mitscherlichs These über die Deutschen nach 1945 beruht. Aber Entwirklichung bedeutet eben nicht Bewältigung, und was Ulla Berkéwicz tut, ist die Aufhebung der sprachlichen Entwirklichung, der spurlosen Verschüttung der NS-Sprache.

Wie steht es mit dem vorübergehenden Wirklichkeitsverlust von Benn? Mit der extremen Zentrierung auf Privatheit bei vielen Autoren der »inneren Emigration«? Warum sollten die Figuren damals nicht auch einer Wirklichkeitsflucht erlegen sein? War sie nicht sogar organisiert? Abtauchen in Affekte, erhabene und verlogene, in Verstiegenheiten, ja ins pure Pathos? Was soll dann der häufig wiederkehrende Vorwurf, es handle sich um

»Spätexpressionismus«, wenn das, was der Expressionismus erbrachte, bei aller Diffamierung des Ursprungs, zum gefühlsmäßigen Dauerzustand der von Goebbels berieselten Menschen werden sollte und zum Teil auch geworden ist – nur eben in Dienst genommen und auf organisierte Weise verlogen? Die seelische Wirklichkeit war oft »spätexpressionistisch«, und sie sollte es sein, auch mit Hilfe von so kühlen Technikern wie etwa Albert Speer, den Aufmarschplanern und Alltagsaufputschern, die das Leben zum grandiosen Rausch machen sollten. »Ernteschlacht« statt Ausbuddeln von Kartoffeln im »normalen Alltagsjargon«. Auch der Sozialismus hat noch einmal versucht, die Planung von Ideologie mit einer exaltierten, expressionistischen, hymnischen oder berauschten Sprache zu legieren. Der Katzenjammer war entsprechend.

Wieder O-Ton Winkels:

»Und nach dem erzählerischen haben wir hier das strukturelle Grundproblem des Romans: Er ist auf der Flucht vor der Wirklichkeit. Sein gänzlich unironischer, eher schwermütig-klagender hoher Ton, seine Überspanntheit, seine Kommentarwut, seine obsessive, bildbewehrte Innenschau vermeiden nachgerade panisch die Berührung mit der äußeren Wirklichkeit.« Man vergißt sehr leicht, daß die Menschen damals von der Wirklichkeit, wie sie uns zugänglich ist in Information und Analysen, nicht mehr oder noch nicht allzuviel mitbekommen haben. Die Wirklichkeit war oft genug verstellt durch gestellte Bilder, durch aufgezwungene Interpretationen und vorgefertigte Kommentare, gegen die sich zu wehren oder deren Vereinfachungs- oder Lügencharakter auch nur zu durchschauen schwierig war. Also: Warum muß die Autorin auf der Flucht sein, wenn es um ein Leben mit gleichzeitig verdünnter wie affektiv gesteigerter innerer Wirklichkeit geht, für die stabile Kategorien abhanden gekommen waren?

Ich möchte die Konstruktion der Geschichte im Roman nicht um jeden Preis verteidigen. Sie enthält, durch die Brille des Realismus gesehen, einige Unwahrscheinlichkeiten, zum Beispiel das lange Zusammenleben mit den Partisanen und die etwas überhöhte Liebesgeschichte mit dem jüdischen Mädchen. Faßt man sie aber als eine Parabel auf, als einen Wunschtraum der Begegnung zwischen den »Rassen«: die eine auf Vernichtung, die andere auf Verfolgung und Untergang eingestellt, dann wird es schon erträglicher. Aber Winkels höhnt darüber wie über die Tatsache, daß Reinhold nach einer einzigen Massenerschießung desertiert. Wann hätte er es denn sonst tun sollen? Wenn die gezielt vorgenommene moralische Korruption der Soldaten erst einmal ihr Werk getan hätte? Dürfen einem nicht die Schuppen von den Augen fallen bei einem einzigen Verbrechen, das zum Himmel schreit?

Der Deserteur war leider eine seltene Figur im deutschen Heer. Als ehrenvoller galt es, bis zur letzten Minute auszuharren und das befohlene Vernichtungswerk zu vollenden. Was wünscht sich der spätgeborene Rezensent von einem Deserteur? Darf er psychosomatisch am Ende sein, ohne viel vom Krieg erlebt zu haben, »aber dafür in einem einzigen Bild das Schrecklichste mit: die Massenerschießung von Juden weit hinter der Front«. Wann würde der Rezensent die Flucht plausibel finden? Der mokiert sich am Schreibtisch über unseren Helden: »Da er, nun doch der naive Held eines Entwicklungsromans, diese deutsche Untat nicht aushält, desertiert er...« Das nenne ich mit Entsetzen Scherz treiben. Wäre das längere Aushalten plausibler gewesen? Wird suggeriert, er sei ein Weichling? Wird hier gar Feigheit angenommen?

Auch bei Winkels fehlt der Verdacht nicht, bei der Autorin blubberten die unverdauten Versatzstücke religiöser Themenverschiebungen aus der eigenen unorganisierten Seele. »Überhaupt dominieren im letzten Teil des Romans die jüdischen und christlichen Einsprengsel den erhitzten Sprachfluß. Sie haben die NS-Mythen im Kopf des Helden und im Text abgelöst.« War es denn nicht so in Wirklichkeit? Gab es nicht die sofortige »Wende« in den Seelen, hin zu anklammernder Kirchlichkeit, zu hektischer Rechristianisierung wie heute in Rußland und anderen Nachfolgestaaten der Sowjetunion? Überhitzte Mystik, wiedergutmachendes Eintauchen in jüdische Religion? Ist das alles wirklichkeitsfremd? Die Realität der NS-Sprachorgien wie der neuen religiösen Innerlichkeit werden wiederum sofort der

Autorin wie eine schriftstellerische Schuld zugemessen. Es muß einem gebildeten Leser zuzumuten sein, die ineinanderfließenden Sprachebenen selbst zu entflechten – mit einem Stück sprachhistorischen Bewußtseins. Auch bei den »Wendehälsen« nach 1989 überlappen sich die Sprachebenen und sind schwer zu entwirren. Die Autorin hat hier weit über die Verrottungs- und Fäulnisvorgänge der Sprache in der NS-Zeit hinaus ein Phänomen menschlicher Verständigung in und nach politischen Katastrophen erfaßt.

Zum Schluß der Rezension dann kurz und knapp die menschliche wie die literarische Vernichtung:

»›Wie konnte das alles geschehen?‹ lautet der letzte Satz. Seine exponierte Stellung fordert geradezu dazu auf, ihn ironisch auf den Roman zu beziehen. Doch dem Leser ist nicht nach Scherzen.

Aber war er nicht gewarnt? Im Klappentext ist eine Wendung aus dem Roman zitiert: Ulla Berkéwicz, heißt es da, ›zwingt uns mit, läßt uns hören, welcher Zauber im innersten Kelch der braunen Blume besungen wurde‹. Da hat man das ganze Dilemma in nuce.« In der Tat, so einfach ist das: Die braune Blume, so lautet die Suggestion des Kritikers, ist die dampfende Seele der Autorin. Und vor ihr muß gewarnt werden, trotz oder gerade wegen ihrer proklamierten guten Absichten!

Ich werde die gelassenen, positiven, durchaus auch kritischen Stimmen erst später zitieren. Über Geschmack läßt sich bekanntlich streiten. Aber das Ausmaß der Gegensätzlichkeit der Urteile ist so erstaunlich, daß es die Vermutung festigt, es werde die Botin verprügelt, die durch ihre Identifizierung Zeugnis ablegt für unterirdische Seelenvorgänge, die heute noch in der Tiefe weiterwirken.

Die einen betonen, sie hätten die Sprache kaum ertragen; andere, von denen ich Stefan Neuhaus aus dem »Fränkischen Tag« (18.7.92) zitiere, meinen: »Allerdings wäre es falsch, das Buch insgesamt als verfehlt brandmarken zu wollen. Seine Stärke ist seine Sprache, eine wundervolle, einfühlsame, mächtige, menschliche Sprache, expressionistisch-philosophisch.« Vielleicht ist Neuhaus, in den Augen der meinungsbildenden Kritiker der überregionalen Blätter, selbst nur eine verquaste Landpomeranze mit postexpressionistischer Pubertätsseele? Ich greife hier vor mit seinem positiven Urteil über die Sprache, weil ich zeigen möchte, daß die meisten Kritiker sehr darauf achten, wenigstens in einigen Punkten des Buches hämisch, gönnerhaft oder entwertend zu bleiben. Bei Neuhaus dient dazu, *nach* dem Lob der Sprache, die Proklamation, daß ohne Augenzeugenschaft das Grauen nicht zu schildern sei:

»Doch auch die Einbildungskraft hat Grenzen. Der Versuch, ohne das Erlebnis des Schreckens den Schrecken mit den Augen eines Zeitzeugen zu schildern, muß zwangsläufig scheitern.« Warum? Das klingt nach Naturwissenschaft und physikalischen Gesetzen.

Gert Oberembt hat in der »Deutschen Tagespost« (18.7.92) und anderswo die Anleihen bei »moderner Collagentechnik« hervorgehoben und damit immerhin ein Kunstprinzip in der Reihung der Stilebenen entdeckt. Trotzdem: Wie um nicht naiv zu erscheinen im Kritikerkreis, meint er: »Aus der barbarischen Mördersprache kann der jugendliche Idealist nur zum blankpolierten Edelkitsch fliehen.« Der Abgesang ist milder Hohn auf Leser, denen das »süße Arom der Trivialliteratur« im Roman doch gefallen könnte. Die Wendung in den Unernst macht den ironischen Abgang möglich: »Nicht nur in historische, sondern auch in höhere Gefilde entführt, kann man sich an dem wahrhaft erlesenen Produkt einer empfindungsstarken Einbildungskraft delektieren.«

Liest man zum erstenmal einen Stapel Kritiken über Ulla Berkéwicz' Roman hintereinander, dann staunt man über die Angleichung des Sprachstils und der Überheblichkeit. Eine Angst, beim »Nicht-Durchschauen« des Machwerks erwischt zu werden, scheint sich auszubreiten. Deshalb höhnt die Sprache oft auch noch dort, wo man dem Kritiker anmerkt, daß er eigentlich gepackt war, aber nicht recht weiß, wohin mit seinen verwirrenden Leseerlebnissen. Jochen Böhme in der »Jungen Freiheit« (7.8.92) kann sich bei seiner mit »Bruchlandung« überschriebenen Rezension im Sommer 92 schon auf die Hauptkritiker berufen:

»Wenig berauschend fand denn die Kritik ihr literarisches Debut, das unisono von *Spiegel* bis *FAZ* als kitschig verrissen wurde. Auch wenn die Erträge auf dem Feld der Gegenwartsliteratur nicht gerade üppig sind, überrascht doch die Hingabe, mit der sich die Flut der Kritiker auf die 1951 geborene Autorin stürzte.« Anstatt aber über mögliche Gründe nachzudenken, tritt er nach. Auch er legt sich keinen Zwang an bei der Häme, die im Konzert inzwischen immer bemühter werden muß:

»Ulla Berkéwicz hat ihren ersten Roman ›Engel sind schwarz und weiß‹ veröffentlicht. Sie hätte ihn besser einem Nachlaßverwalter anvertraut.« Und dann auch hier: »Ulla Berkéwicz macht es ihren Kritikern leicht, denn von der Sprache bis zu den Dialogen, von der Handlung bis zu den Figuren mißlingt so ziemlich alles. Alles klingt und singt überhitzt, überstrapaziert, überwuchtet... Mit Mythen und Mystik und viel guter Absicht beschwört Ulla Berkéwicz einen Rausch, dem sie zum Schluß selbst zum Opfer fällt... Dem Roman ergeht es wie dem Todesengel im Inferno des totalen Krieges. Am Schluß sind ihm die Flügel gebrochen.«

Noch einmal ein kleiner Kontrast: Andreas Müller im »Darmstädter Echo« (16.5.92) findet: »Obwohl sie dabei nicht den Duktus der Allwissenden annimmt, gelingt es der Erzählerin, den Leser völlig in die Gedanken- und Gefühlswelt ihrer Hauptfigur hineinzuversetzen.« Dagegen Manfred Stuber in der »Mittelbayerischen Zeitung« wieder unklar zurechnend, nach einem vorsichtigen Lob:

»Es ist, als swinge die Syntax fortwährend zwischen Tango und Blues. Und doch klingt diese Sprache auch wie von Weihrauch umwölkt, als diene sie einem noch unklaren mythischen Ritual, das sich anschickt, den Zuhörer zu übermannen. (Hier sind wenigstens die Funktion und die Gefährlichkeit der diversen Sprachzustände gesehen, T. M.) Als hätten die Engel, die diesem Roman zufolge angeblich die gesellschaftlichen Geschicke der Menschen lenken, den Tonfall eingeflüstert. Mitunter überdeckt die Melodie den Sinn und degradiert das Erzählte, also die beobachtete und mitgeteilte Wirklichkeit, zur Magd der Musik.« Das soll so sein in propagandistisch aufgewühlten Zeiten, in denen das Bildungsgut sich ergießt in die öffentlichen Kanäle und der Bombast der öffentlichen Mythen in die privaten Kammern der Seele. Die Kollageuse wird geprügelt, weil sie sich nicht als pädagogische Kindergärtnerin aufführt. Daß sich die Kritiker von Überwältigung bedroht fühlen und daher mauern müssen, lasten sie durchweg der Autorin an. Daß Überwältigung eine oder gar *die* wesentliche Form der NS-»Zuwendung« zum Menschen war, bleibt unerwähnt. Hitlers Passagen über die Macht der Propaganda in »Mein Kampf« enthalten die technischen Rezepte für das, was Ulla Berkéwicz als Konsequenz erfolgreicher ideologischer Gehirnwäsche gestaltet, ohne es pädagogisch aufzubereiten.

Die Psychoanalytikerin Anita Eckstaedt nennt die Folgen dieser Überwältigung in ihrem Buch »Nationalsozialismus in der ›zweiten Generation‹« (Frankfurt 1989) das »Zuviel«, das vom Ich nicht verdaut und verarbeitet werden konnte. Das Konstruktionsprinzip des Romans, das dies widerspiegelt, indem es den Leser etwas nacherleben läßt, ohne daß er die freie Wahl der Distanz hätte, wäre damit geglückt. Das Um-sich-Schlagen der Kritiker hat also etwas zu tun mit einem Moment der Gewalt, die durch die Poren der »Sprachhaut« eindringt. Daß sich die Propaganda die undichte Ich-Hülle, durch die das alles einsickert, zunutze gemacht hat, hinterläßt Gefühle von Überschwemmung und Überwältigung. Und die machen böse. Man denke sich doch einmal unsere heutige Flut der Werbung umkomponiert in politische Überwältigung, wie es in der NS-Zeit der Fall war, dann läßt sich die Summe seelischer Gewalt im öffentlichen Alltag damals leichter ermessen. Wenn außerdem Pubertät eine *der* Einbruchsstellen des Hitlerismus im seelischen Generationengefüge war, dann *darf* sie vorkommen als Stilmittel des aufgewühlten Sprechens und als beschriebener Seelenzustand! Vielleicht wollen viele Kritiker nicht daran erinnert werden, daß wir ein gewalttätig pubertierendes Volk waren, das Schrecken im Weltmaßstab angerichtet hat und sich auf Weltherrschaft eingerichtet hatte.

Herbert Glossner in »Deutsches Allgemeines Sonntagsblatt« (13.3.92) hat gerade dies hervorgehoben:

»Damit (mit dem Tagebuch, T. M.) schafft sie sich die Freiheit, einen hohen, exaltierten Ton anzuschlagen, der sich noch dem Expressionismus verdankt, nun aber präzise die Gefühlsschwingungen und -schwankungen des Heranwachsenden in einer ›völkisch‹ aufgeladenen Zeit ausdrückt.« Hier wird also in dem als »Gewabere« und »Weihrauch« denunzierten Ton einmal die literarische Genauigkeit entdeckt!

Die Reaktion vieler Kritiker auf den Roman gleicht der unreflektierten Reaktion auf eine Allergie, die wie ein heftiger Juckreiz mit Tendenz zu angreifender Wut wirkt. Manfred Stuber wundert sich sarkastisch (»Mittelbayerische Zeitung«, 7.3.92) – zwischen pädagogischen Fußtritten (hierüber später) und höhnischer Bilanz schwankend und zum unbekümmerteren Dreinschlagen alles vereinfachend:

»Nun wissen wir Bescheid: Das ganze Nazipack war eine kryptische Loge von Teufelsanbetern, das Dritte Reich die bisher größte bekannte schwarze Messe. Abrakadabra!

Mein Gott, ja! Jeder Verriß hat irgendwo auch was ungerechtes! Das Buch hat wunderbar erzählte Passagen... Die nahezu lyrische Sprache ist lautlich und rhythmisch unglaublich musikalisch ausgefeilt... Fast ist sie zu sehr gestylt, der hohe, manieristische Ton hat mitunter bloß den Sinn, die Banalität des Erzählten zuzudecken. Denn schon der Eröffnungssatz ›Ein deutscher Junge weint nicht‹ ist derart klischeehaft, daß man damit kein Buch eröffnen sollte.« Hoffentlich erscheint vom Rezensenten bald eine Anleitung zum Abfassen von Romanen über das Dritte Reich und erlaubte und unerlaubte Klischees! Dann werden vielleicht die allergischen Reaktionen milder.

Auch der Lerneifer des Kritikers ging ins Leere, leider: »Ich habe aus diesem Roman nichts, wirklich nichts über den Faschismus erfahren, was ich nicht gewußt hätte: die kleinbürgerliche Familie, die konspirativen Treffs in der Kirche, die Büchersäuberungen, die Faszination des Kollektivs, der Antisemitismus, die überangepaßten ›deutschnationalen‹ Juden, die verklemmte Pubertät mit hilflosen Liebesgeschichten und Bettnässerei, das Verstecken von Kommunisten, das Verschwinden homosexueller Lehrer, endlich der katastrophale Rückzug der geschlagenen

Wehrmacht aus Rußland... Ardistan und Dschinnistan, Part zwo!« (Gemeint ist Karl May als Vergleichsautor für Ulla Berkéwicz.) Über sich selbst scheint der Rezensent auch nichts Neues erfahren zu haben. Vielleicht hat er den Roman mit einem Geschichtsbuch verwechselt. Die pädagogischen Warnungen vor dem Buch, die ich später zitiere, legen das nahe.

Etwa vier Wochen später hat Stuber im gleichen Blatt (9.4.92) anläßlich einer Lesung der Autorin einen Nachschlag gewährt, der schon mehr ad personam der schönen Hexe geht: »Ulla Berkéwicz' erster Roman... wurde bereits am 8. März ausführlich rezensiert – und nicht eben freundlich. Soll man es dabei bewenden lassen? Nun, es scheint, als lasse die Dichterin Ulla Berkéwicz in natura auch den hartgesottensten Kritiker nicht unbeeindruckt. Es ist, als vereinten sich in ihrem Wesen Züge, die man sonst nur getrennt kennenlernen kann – und auch das nur, wenn man viel Glück hat. Man fühlt die distanzierte, gelassene Majestät des bildschönen Mannequins – und dann ist da noch die kluge, warmherzige Seelentiefe der Dichterin. Und so schön, wie sie aussieht, schreibt sie auch...« Das ist wirklich zuviel! Das schreit nach dem öffentlich ausgehängten Steckbrief.

Wenn dieser begabte Engel durch die Lande zieht, um zu lesen, ist vor ihm zu warnen wie vor der Loreley. So auch von Sulamith Sparre in der »Nürnberger Zeitung« (4.7.92) mit hoch erhobenem Zeigefinger:

»Das Buch der Ulla Berkéwicz ist ›wichtig‹ als ›Fall‹ – und er zeigt, wie man mit Geschichte nicht umzugehen hat. Es ist ein Beispiel mißratener ›Vergangenheitsbewältigung‹, denn er ist nur Beweihräucherung, wenngleich ungewollte. Nur aus diesem Grund ist aufzumerken. Und zu warnen. Und dann schnellstens diese wabernde Edelschmonzette zu vergessen, die den braunen Mythos beschwört, statt ihn zu entschleiern und zu entlarven.«

Viele Kritiker haben offenbar wirklich Angst, daß die Autorin in die Sprachwelt der NS-Zeit nur eintaucht, um eine Art Rauschmittel zu nehmen. So warnt etwa Annette Schroeder in der »Kölnischen Zeitung« (20.8.92). Nach einem gleichsam mit der Beißzange angefaßten, aus dem Zusammenhang gerissenen Kurzzitat zur stilistischen Entlarvung der Ulla B. heißt es:

»Solche Stürze von der hohen Ewigkeitswarte in den Sumpf des Banalen fängt die Autorin keineswegs auf. Nein, Ulla Berkéwicz, die ihren Figuren hochtönende Sätze in den Mund legt, scheint sich selbst am wabernden Blut-und-Boden-Pathos ihrer Herrenmenschen zu berauschen.«

Wie wir später sehen werden, ist die ausländische Kritik weit weniger von der Krankheit spontaner allergischer Reaktionen befallen. Es ist außerdem bemerkenswert, daß sich kein einziger der wirklich bekannten Kritiker, soweit ich sehe, an dem Buch »vergriffen« hat. Vielleicht hatte Peter Stolle sie indirekt im Auge, als er davon sprach, daß keiner sich mit dem Verleger Siegfried Unseld »anzulegen« getraue. Angsthasen? Eine bessere Intuition? Eine Verunsicherung, die sie nicht überspielen wollten?

Obwohl ich die positiven Stimmen noch zurückhalte, hier doch ein Einsprengsel, weil die Menge der Schmähungen den Eindruck wecken könnte, ein Unisono sei in sich schon überzeugend. Zwar ist Alexander von Bormann ambivalent (SFB, 23.6.92): »Die Autorin... entwickelt gutteils einen Schauer- und Schundroman vor uns, greift, zumal am Anfang, ganz unbedenklich zu den Mitteln einer soap opera, hat nicht die geringste Scheu vor Trivialität. Man kann verstehen, daß die Kritik das nicht mag.«

Doch er ermannt sich und bekennt, trotz des gefährlichen Vergleichs von U. B. mit »Böll, Grass und Lenz, von Fried, Jakov Lind, Hilsenrath u. v. a.«: »Hier ist nun das Wagnis auf eine ganz besondere Weise gelungen, und vermutlich muß man dies ein wenig erläutern; es gibt auch eine ›postmoderne‹ Kritik, die rein inhaltlich liest, und das geht hier nicht auf. Die Erzählweise wird einem erst allmählich deutlich, und sie ruft zunächst große Widerstände beim Leser auf. Jeder wird beim Lesen einwenden können, es besser zu wissen: so schlimm ist es ja doch nicht gewesen, kann es nicht gewesen sein. Da tauchen ja nur Klischees auf. Als ob die Wirklichkeit, die wir ja nicht ohne Sprache und Überlieferung haben, nicht zu 80 % aus Klischees bestünde.«... Wenigstens verlegt dieser Rezensent die Klischees nicht in die Seele der Ulla Berkéwicz! Und dann kommt wohl die wichtigste Anerkennung:

»Wirklichkeit und die Rede darüber sind bei ihr nicht mehr unterschieden, sondern so ineinander gewebt, daß auch die Verführungsmacht, die von Denk- und Wortfigurationen ausgeht, durchschaubar wird. Vor allem werden die überboten, ausgereizt, zu Ende gebracht, und das ist in diesen Tagen, wo sie ja großteils Neuauflagen erfahren, nicht gering zu schätzen.« Und zum Schluß heißt es dann: »Das ist ein großes Thema, das hier mit Sarkasmus und Liebe, mit dem Mut zu plakativer Übertreibung und dem Mut zu wechselvollem Erzählen angegangen wird – und wie ich meine – auf eine kluge, ja sensible Weise ›bewältigt‹ wurde (soweit man das Wort in diesem Zusammenhang gebrauchen darf).« Im Chor der Spötter wirken solche durchgehaltenen eigenständigen Urteile wie erratische Blöcke oder wie Irrläufer.

Damit aber zurück zu Allergie und Häme; zur großen Gönnerhaftigkeit und zum »mißglückten Versuch«. Uwe Studtrukker (»Nürnberger Nachrichten«, 4.4.92) billigt dem Roman immerhin ein Thema zu, das politologische Bibliotheken nicht abdecken:

»Weil Faschismustheorie und Ratio allein nicht ausloten, was sich als perfides System von Macht und Unterdrückung darstellt, bleibt das unerklärliche, das emotionale Moment des Warum mehr oder weniger seriösen Spekulationen unter dem Motto ›So könnte es gewesen sein‹ vorbehalten.« Daß sich die Autorin nun auf diesem eingezäunten Areal der nicht ganz geklärten Emotionen erzählerisch tummelt, tut sie auf eigenes Risiko, aber unter strengem Ideologieverdacht. »Sie zeichnet ein fiktives Stimmungsbild mit Menschlein, die den Mächten des Schicksals wagnerianisch wehrlos ausgeliefert sind. Eindimensionale Figuren, die trotz manch kritischer Eingebung hilflos in der Geschichte herumfallen und sich nicht entwickeln... Den Protagonisten, wie dem Roman, fehlt die psychologische Dimension...« Anderen war's zuviel Psychologie und zuwenig äußere Wirklichkeit!

Aber Studtrucker wüßte schon Abhilfe, fragte man ihn: »Ein Blick in Klaus Theweleits ›Männerphantasien‹ hätte dem Buch womöglich ein tragfähigeres Fundament verschafft als eigene Fabulierkunst im historisierenden Gerüst, die das III. Reich als Abenteuerspielplatz erscheinen läßt...« Was der Kritiker damit sagen will, ist nicht klar. Auf die eigene Fabulierkunst verzichten? Theweleit paraphrasieren? Einen theoretischen Essay schreiben? Oder einfach lesen, staunen und den Mund halten? Ich nehme an, daß die Autorin ihren Theweleit kennt und daß in den Roman viel davon eingegangen ist. Soweit ich mich erinnere, schreibt Theweleit auf 1000 Seiten auch nicht viel über die Rolle der Großindustrie, sondern über die psychischen Dispositionen und Verbiegungen der Männer der Wilhelminischen und späterer Zeiten, und dabei wird viel Literatur untersucht, deren Sprache manchmal der Sprache der überschwemmten und überschwemmenden Gemüter in dem Roman sehr gleicht. Trotzdem schiebt der Kritiker gleich eine weitere Forderung nach, die einen Balzac für die Schilderung der NS-Zeit bräuchte:

»Daher auch die leitmotivischen guten, die weißen Engel und die bösen, die schwarzen. Was – historisch belegt – die Macht der Faschisten sonst noch so sicherte, welche Rolle Industrie und Finanz spielten, interessiert die Autorin wenig.« Ob dies stimmt, weiß ich nicht, vielleicht weiß der Kritiker da mehr. Auf jeden Fall hat sich die Rolle der Industrie nicht in den Seelen der handelnden und schreibenden Personen gespiegelt. Die ist auch erst durch mühsame historische Forschung ans Licht gekommen.

Michael Lewin (ORF, 15.3.92) ist es wichtig, ein »Verbot für Klappen- und Werbetexte« zu fordern, weil er sich nicht sicher ist, ob er den Roman nur nicht zu entschlüsseln verstand oder »ob hier bloß ein willfähriger Lektor das zu Papier gebracht hat, was... die Autorin zwar beabsichtigt, aber nicht durchzuführen im Stande war«. Eine merkwürdige Vorstellung, ein langjähriger Lektor, der als »willfähriger« Verfasser von Werbetexten das Ausmaß von Schwachsinn, als das der Roman diagnostiziert wird, nicht einmal bemerkt hätte. Lewins Fazit lautet:

»Ulla Berkéwicz' Erstling mag in gewisser Hinsicht ein Kuriosum sein; er fügt der langen Reihe deutscher Bewältigungsromane einen weiteren hinzu. Interessieren, berühren oder gar zur Nachdenklichkeit anregen kann uns dieses Werk nicht.« Dazu sind die Seelenmauern zu hoch, die er sich aufgebaut hat. Der Rezensent tut mir leid, weil ich mir dann die Lektüre und gar eine Besprechung, die Nachdenken verlangt, nur als Qual vorstellen kann. Er scheint richtig traurig, daß vier Jahre Recherche von Ulla Berkéwicz, ihr Nachdenken, Eindringen in fremde Sprachwelten und Sprachformen so total für die Katz waren.

Gert Oberembt, der sich schon im Frühjahr zum Roman geäußert und einer Lesung der Autorin weitere feine Häme-Nuancen abgewonnen hatte, ließen Werk und Person keine Ruhe. Er schlägt im »Rheinischen Merkur« (28. 8. 92) noch einmal zu, weil ihn positive Besprechungen beunruhigt zu haben scheinen:

»Wenn die ›erfinderische Sprachwut‹, die eigenwillige Handschrift der Ulla Berkéwicz gelobt worden sind, so verausgabt sich die gerühmte Kreativität jetzt in der Kopie. Was die rückwärtsgewandte Psychologin mit dem Blick auf weitere Leserresonanz zu fabulieren unternimmt, ist ein altbackener, wenn nicht gemütlicher, so doch gemütsintensiver Bildungsroman.«

Nur sehr wenige Rezensenten haben sich, wie gesagt, mit der Erzähltechnik und ihrer inneren Logik befaßt. Am ehesten noch Stephan Reinhardt in der »Süddeutschen Zeitung« (24. 6. 92). Als Psychoanalytiker kann ich seinen Ausführungen allerdings nicht zustimmen: »Das große Thema der Moral, der Schuld und des Widerstands wird, einmal angeschlagen, im weiteren Verlauf des Romans nicht organisch weiterentwickelt, sondern immer wieder nur benannt. Was beispielsweise jedesmal aufs neue unmittelbare Folgen haben müßte für den Fortgang der erzählerischen Logik – etwa wenn Reinhold Fischer sich mehrfach mit Widerstandskämpfern einläßt –, wird auffällig gewollt, willkürlich gehandhabt.« Das halte ich für eine absurd mechanistische Psychologie, die fordert, daß *eine* gefährliche Begegnung, trotz eines so tiefen NS-Engagements des Helden, sofortige Wirkung zeigen müsse. Die kognitive wie die moralische »Dissonanz«, die sich zu einer Kluft auswächst, wird vermutlich zuerst einmal verdrängt und verleugnet, im Unbewußten abgebucht. Dort wuchert sie und strahlt aus, prüft die eigene Angsttoleranz des Ichs, braucht Wiederholung oder erneute Abschirmung, bis sich eine »Identitätsverschiebung« oder sittliche Neuentscheidung vorbereitet. Und auch die »wirkt« nicht unbedingt in einem klar erkennbaren Moment, sondern bleibt vielleicht in der Latenz, wird abgerufen dann, wenn ein Verbrechen wie die Judenerschießung auf sie trifft. Da genügt dann in der Tat oft *ein* schrecklicher Anlaß, um die Neuorientierung unumkehrbar und definitiv zu machen. Aber vielleicht geht es dem Kritiker nicht wirklich um eine Würdigung der inneren Vorgänge, sondern um die Bestätigung eines Vorurteils, das, angesichts seiner Probleme mit der Sprache, bereits feststeht:

»Wenn die Autorin bei ihrem schwierigen Unternehmen dennoch gescheitert ist, so liegt es zunächst einmal an der Untauglichkeit der Sprache, einer oft überhitzten, raunenden, faserigen Sprache. Aus Mangel an Distanz entsteht Schwulst. ... Oft bleiben die Beschreibungen, mit denen lexikalisches Wissen demonstriert wird, zu allgemein und wirken darum hölzern und trokken... Man verliert, je länger, desto mehr in diesem Roman, das Vertrauen in die Wörter (was kein schlechtes Resultat ist! T. M.) und so gehen die besten Absichten zuschanden.«

1. Exkurs: Die Autorin als Gattin des Verlegers

Einigen Rezensenten ist aufgefallen, daß die Hetzjagd vielleicht gar nicht allein einer begabten Erzählerin gilt, sondern ihrer provozierenden »Umwelt«, sprich dem Gatten, der mit ihr wohl ein mythisches Paar bildet. Andreas Müller fiel auf (»Darmstädter Echo«, 16.5.92): »Der Roman... hat bei der Kritik sehr unterschiedliche Reaktionen hervorgerufen. Während er im deutschsprachigen Ausland vor allem gelobt worden ist, haben deutsche Rezensenten ihn eher negativ beurteilt. Dabei kam allerdings schnell der Eindruck auf, den Kritikern sei der Hinweis darauf, daß die Autorin ja mit ihrem Verleger verheiratet ist und der Suhrkamp-Verlag deshalb an der Vermarktung besonders interessiert sei, wichtiger gewesen als die Qualitäten dieses Romans.«

Und Eckhard Britsch bemerkt (»Neue Westfälische«, 1.5.92): »Leicht wird es Frauen nicht gemacht im deutschen Literaturbetrieb. Vielleicht machen sie es sich selbst auch nicht leicht. Dann wird es hart. Suhrkamp-Autorin Ulla Berkéwicz häuft offenbar mehrere Fehler auf ihr Haupt. Erstens ist sie, wie erwähnt, eine Frau. Frauen sollten allenfalls kleine Erzählungen wagen, nicht aber die Großform des Romans. Zweitens sieht sie augenscheinlich gut aus, das kann nicht gutgehen, vor allem, wenn der Verlag das Konterfei als Werbemittel einsetzt. Lieber ein dröge dräuender Mann in der Frühjahrsanzeigenkampagne. Drittens ist sie mit Suhrkamp-Chef Unseld verehelicht. Das schmeckt nach Protektion. Und viertens wählt sie ein Thema, das nun wirklich out ist: eine Jugend im dritten Reich. Wir haben ernstere Sorgen, und jene sollte doch längst der bewußtseinsmäßigen Entsorgung anheimgefallen sein.«

Daß personalisierende Häme aber auch unter Eidgenossen alemannischer Zunge produziert und geschlürft werden kann, zeigt ein Text (»Radiohaus Bern«, 15.10.92) vom M. Stuck, in Mundart verfaßt, Titel »*Berkéwicz*«:

»Dür Amors Bande mit em Verlagsbsitzer verbunde si, das dörfti der Troum vo megem verkannte Genie wiblichen Gschlechts si. Es paar wenige glingt das, ds Resultat, tja ds resultat seht de ou entsprechnd us. D'Ulla Berkéwicz dörft als Paradepferd vo dere Gattig gelte, pardon i ihrem Fall natürlech e absoluti Vollbluetstute, ja die Dame wo das beschützte Dasii vom Protégé vom Bsitzer vom Suhrkamp Verlag persönlech gniesst, gseht ja ou nid schlecht us. Aber gottseidank, d'Welt kennt ja ou no so öppis wie Grechtigkeit, was sie schribt isch nämlech scho fasch e mittleri Katastrophe und das bimene scho fast divine Aspruch... Das wäri ja alles no ganz e passable Stoff fürne Roman, aber was die gueti Frou drus macht isch es scho fast erotischs Schwelge in genau dene Bluet und Bode Mythe, es trieft nume so vo schicksalsschwere Wort, vo edle Gedanke, wo eigentlech völlig profan si. Der stramm HJ Bursch wird vo Selbstzwiifel und Bettnässe heimgsuecht, aber ou das immer euphemistisch verbrämt, no e Portion homoerotischi Liebi und witeri bizzari Passage, di ganzi Sach schleppt sich bis zuneme meh oder weniger passende Endi hi, und es isch überstande. Churz es kunnt eim z'chalte gruuse bi dere Lektüre...«

Auch Rulo Melchert in der »Sächsischen Zeitung Dresden« (29.5.92) ahnt in einem ausgewogenen Kommentar etwas von möglichen affektiven Hintergründen der Jagd auf die »literarisch dilettierende« Gattin des Verlegers, die nicht verheimlicht, daß sie eine Frau ist: Das Tagebuch »ist nun Mittelpunkt von Reinholds Identität. Es verselbständigt sich auch mehr und mehr als Mittel des Erzählens für Ulla Berkéwicz. Statt Dialog also Monolog. Dadurch ist Distanz zum Erzählten dann kaum noch möglich. Der Roman gerät in Schwierigkeiten. Aber nicht das ist es wohl, was die Kritiker auf den Plan gerufen hat und Ulla Berkéwicz beschimpfen läßt. Sondern ich denke, was manche so erbost, ist etwas anderes. Hier erzählt eine Frau über den Mythos von Männern, die durch die Zeit des Faschismus gegangen sind, empfänglich waren für dessen Demagogie und Ideologie. (Und die Frauen? T. M.) Das sollte doch vorbei sein. Diese Vergangenheit haben wir doch bewältigt. Und nun sagt eine Frau, nein, das ist überhaupt nicht vorbei und bewältigt...«

Mir scheint es allerdings schwer abzuwägen zwischen der Rolle von Frauen und Männern bei der Bestimmung des politischen Einflusses auf die schließlich durch Wahlen gestützte Machtergreifung Hitlers. Aber daß Ulla Berkéwicz eine wissende Weiblichkeit ausstrahlt, auf Bildern wie im Text, scheint mir deutlich. Vielleicht spüren manche Männer auch den Hexenanteil an ihr und reagieren entsprechend darauf, intellektuell oder durch ein hektisches Spiel mit dem Feuerzeug. Deshalb rasch noch etwas Linderung aus weiblichem Mund, nämlich von Mechthild zum Egen (Süddeutscher Rundfunk, 25. 6. 92):

»Dicht gedrängt – mal fordernd, einklagend, rhythmisch schnell den Wahnsinn jener Jahre bloßstellend und vorantreibend, dann wieder ruhig, sanft, sich ausruhend, erschöpft-seindürfend von den Schrecken des braunen Gespenstes, von Judenverfolgung und Krieg – ist die Sprache der Autorin. Hervorragend eingefangen ist denn auch die Atmosphäre des Romanes: Ulla Berkéwicz gelingt es auf eindrucksvolle Weise, die historische Schuld des deutschen Volkes aufzuarbeiten.«

2. Exkurs: Die Schlage-Zeilen

Da der Roman für viele Kritiker eine Art Gift zu sein scheint, vor dem es den Volkskörper zu warnen gilt, wird am besten bereits auf dem Flaschenetikett die Gefährlichkeit des Stoffes mitgeteilt. Viele kluge Köpfe hinter den Zeitungen hält das vielleicht schon davon ab, die Rezensionen zu lesen. Bei anderen, wie zum Beispiel bei mir, werden, wie bereits zugegeben, die niederen Instinkte geweckt: Da wird etwas Angriffig-Kulinarisches versprochen, das in seiner straflosen Aggressivität der Seele guttut. Die Schlage-Zeilen sind Verlockungen zu einem anrüchigen Rezensionslesestoff, aber da er im Feuilleton steht, darf man ihn genießen. Schließlich handelt es sich nur um literaturkritischen Krieg, und nicht um den, den die Autorin, soweit er auch im Seelischen wurzelt, zu erhellen versucht.

Die »Bergedorfer Zeitung« z. B. (4.7.92, Autor *bi*) textet verheißungsvoll und appetitanregend: »*Schwülstiger Wortbrei*«, »...in dem das Verstiegene stets Vorrang vor dem Naheliegenden hat«. Woher der Wortbrei kommt, wird im Text erklärt: aus dem Mund eines »Möchtegern-Werthers, dessen unsinnig verdrehte Syntax und überladene Bildersprache kraftlos und aussagearm bleiben«. »*Es teufelt ein bißchen zuviel*«, überschreibt Susanne Schaber im »Aargauer Tagblatt« (25.4.92) ihre Kritik, und das führt auch zur Feststellung, daß der Roman eher unappetitlich sei, besonders wenn man, wie die Autorin, nach Unrat regelrecht suchte:

»Berkéwicz wühlt in den Gedärmen des Nationalsozialismus und fördert dabei allerhand Schund und Schmutz, der sich nur notdürftig von einer wenig tragfähigen Schicht edler Denkungsart zudecken läßt, zutage.« Ansonsten findet die Rezensentin viel »diffuses Säuseln«, Platitüden und »Mätzchen«, »allzu grell und süßlich aufgetragene Farben bei der Porträtierung der andersartigen Kultur«, die befremden. Deshalb das Fazit: »Es teufelt einfach zuviel, wie es auch zu viel Blut gibt und Eiter und zuviel verirrte deutsche Gesinnung... Dagegen kann selbst das Heer von Engeln nichts ausrichten. Es posaunt laut, aber umsonst.«

Eine »*Bruchlandung*« hat, wie bereits erwähnt, Jochen Böhme der Autorin bestätigt und damit ein Bild aus der Fliegersprache bemüht, das einen beinahe tödlichen Absturz meint, bei dem aber nur das Fahrgestell beschädigt wird. Ob das Flugzeug je wieder fliegt, weiß man erst nach genauerer Untersuchung, aber die findet hier nicht statt. Trotzdem heißt es am Ende überzeugend weiter in Fliegersprache über den Roman: »Am Schluß sind ihm die Flügel gebrochen.«

Mit Goethe erschlagen wird der Held von Sabine Tholund in der »Reinbeker Zeitung« (20.6.92). Er erscheint neben dem richtigen nämlich nur als ein »*Möchtegern-Werther inmitten von Braunhemden*«, und so einer ist, wie man suggeriert bekommt, eine klägliche Figur.

»Die eigentlich gute Romanidee, den Helden zwischen den Stühlen von Tätern und Opfern zu belassen, gerät in den Hintergrund und wird von kitschigen Betrachtungen zugekleistert.

Eigentlich schade, denn erzählen kann die Gattin des Suhrkamp-Verlegers Siegfried Unseld, wie der Anfang ihres Buches zeigt.«

Martin Ebels musikalischen Kommentar in der Prügelzeile der »Badischen Zeitung« habe ich bereits erwähnt: »*Alle Stimmen tönen falsch*«. Bleibt, noch einmal auf die einladende Diagnose des Helden von Peter Stolle im »Spiegel« hinzuweisen: »*Völkischer Bettnässer*«, die einen anheimelnden Urin-Geruch heraufbeschwört und zum Lesen auf der Latrine einlädt.

Mit einem aufbauenden Reim versucht es Sulamith Sparre (»Nürnberger Zeitung«, 4.7.92), der richtig leselustig macht: »*Mythen aus braunen Tüten. Verunglückte Auseinandersetzung mit dem Faschismus.*« Wenn ich mir vorstelle, wie viele Leser – denen ich von Herzen wünsche, daß sie diesen Roman lesen, weil sie eine Entdeckungsreise in die NS-Zeit wie in sich selbst machen können –, sich von solchen Stilblüten abhalten lassen, werde ich eher traurig.

Mit Lächerlichmachen operiert der schon erwähnte Manfred Stuber: »*Erzengel Gabriel im Café Deibl: Abrakadabra!*« In der erläuternden Unterzeile mokiert er sich darüber, daß die Autorin angeblich die »endgültige Faschismus-Theorie« habe liefern wollen, mit einem Roman, wohlgemerkt!

Gert Oberembt faßt den Roman griffig zusammen als eine »*Flucht aus der Welt der Barbaren in den Elfenbeinturm. Ein Oberschüler aus der Rhön sucht Trost bei den Dichtern.*« Da wir schon immer eine Sehnsucht nach einer Wohnung im Elfenbeinturm hatten, ist die Überschrift so einladend wie der Prospekt eines Villenmaklers über das ganz besondere Haus für verwöhnte Ansprüche. Manchmal möchte man meinen, die Kritiker hätten Prämien zu erwarten für eine Auflagensenkung angesichts eines Ladenhüters, der aber aus unerfindlichen Gründen (Werbetrommel, Werbetrommel!) so spannend ist, daß die tumben Deutschen ohne die geistervertreibenden Rasseln und Trommeln der Rezensenten darauf hereinfallen könnten.

Wolfram Weidner versucht den Fangschuß in der »Rhein-Neckar-Zeitung« (12.9.92) mit dem Titel »*Die gerupften Engel*«, Eva Pfister tut den Roman im Zürcher »Tagesanzeiger« (16.5.92) mit dem lapidaren Urteil »*Pubertärer Engel*« ab, um im Text das Fazit zu ziehen:

»Vermutlich galt das Interesse der Autorin gerade dem Spiel mit den verschiedenen Sprachvarianten jener Zeit. Beim Lesen kostet es allerdings zunehmend Überwindung, sich durch diesen Kitsch hindurchzuarbeiten.« Den Begriff Kitsch muß man sich, wie schon angedeutet, merken: was ihn ausmacht, vor allem wie gefährlich er ist. Darüber später mehr.

Ein Grund für die Wut der Kritiker könnte sein, daß sie in der Regel zu Massen- und Schnellverzehr von Texten gezwungen sind, also unter Zeitdruck und am Stück lesen müssen und sich so leicht überfressen. Müßte ich den Roman an einem Wochenende in mich reinstopfen und sofort Urteile absondern, würde ich vielleicht auch ein unbekömmliches Völlegefühl spüren und mein überfordertes Fassungsvermögen sich in Unmut oder Häme verwandeln. Ich fand das Buch so aufwühlend, daß ich es portionieren mußte, um es verdauen zu können. Möglicherweise handelt es sich also bei vielen Rezensionen um erleichternde Schnellschüsse aus zu vollem oder geblähtem Gemüt, um so mehr, als beim Lesen viele alte Ablagerungen aufgerührt werden. Es wäre also Seelenarbeit gefragt, wie Martin Walser das nennt. Aber wer läßt sich gerne zwingen zum inneren Aufruhr. Schotten dicht und durch!

Es war, wie bereits angedeutet, etwas anderes, das mein Interesse an einer Analyse der Rezeption dieses Romans weckte. Ebenso fassungslos wie Ulla Berkéwicz hatte mir die Frankfurter Psychoanalytikerin Anita Eckstaedt ein Jahr zuvor ein Konvolut von Besprechungen ihres Buches »Nationalsozialismus in der ›zweiten Generation‹« geschickt, in dem sie ihre Analysen mit Kindern von Tätern und Mitläufern diskutiert. In den Kritiken vollzieht sich der gleiche Vorgang einer politisch-hysterischen Reaktion, aber auf »psychowissenschaftlicher« Ebene. Die Thematisierung der seelischen Traumata, die durch die Kriegsfolgen wie durch die untergründige Weitergabe von NS-Gedankengut an die Kinder zustande kamen, löste bei den »professionellen« Fach-Rezensenten ebenso unkontrollierte Reaktionen und Verdächtigungen aus wie bei den Feuilleton-Kritikern des Romans: so, als sei es das erklärte Ziel der Psychotherapeutin, die Täter zu entlasten, den Holocaust zu relativieren und den Ungeist des Nationalsozialismus in die Psychoanalyse einzuführen oder gar auf der Couch zu praktizieren.

Die Innenansicht des NS-Systems und die Sicht auf seine seelischen Folgen scheint für die Deutschen noch immer bedrohlich. Der Forschende wird zum Verbrecher oder zum Scharlatan erklärt. Je genauer das Bild der Vergangenheit, ihrer Ursachen und Wirkungen gezeichnet wird, desto mehr wird der Analytiker oder der Künstler ins Zwielicht gerückt und des braunen Geistes verdächtigt.*

* Vgl. hierzu T. Moser, »Nationalsozialismus im seelischen Untergrund von heute. Über die Nachwirkungen von Holocaust, Krieg und brauner Diktatur. Zur Rezeption von Anita Eckstaedts Buch ›Nationalsozialismus in der zweiten Generation‹« (Frankfurt 1989). In: Moser, »Politik und seelischer Untergrund«, Frankfurt 1993.

Am unverhohlensten zeigt Mirjam Schaub von der »taz« (25.5.92) das nicht zu beruhigende Pendeln der Kritikerin zwischen Faszination und Häme unter der Schlagzeile *»Reine Geschmacksfrage, was sonst! Ein Versuch in Basic Instinct.«* Nach einem Zitat aus dem Roman fragt sie mitleidheischend: »Wer hält das lange aus? Das Markerschütternde, den Schwulst und Bedeutungsterror, unaufgehoben in jeder Hinsicht, reflexionslos und stur.« Die Gnade der späten Geburt macht es möglich, »das« nur naserümpfend im Roman kennenzulernen und durch hämisches Abstandhalten rein zu bleiben, genau nach dem Muster der verlogenen Hysterie, die die Faszination am Sex nicht leugnen kann. Zwar bezeichnet M. Schaub das Publikum bei einer Lesung der Autorin als einen »eurhythmischen Zirkel«. Aber: Die »liest atemlos, brachial im Anspruch und der Ausführung. Wenn sie liest, nimmt man ihr das Ungeheuerliche ab. Betroffene spenden Beifall.« Und nun kommt der paranoide Verdacht, die Deutschen, sogar einige der besten Schriftsteller, die das Buch vor dem Druck gelesen und gewürdigt haben und zu ihrem Lob in der Verlags-Ankündigung auch standen, suchten die Autorin als Sprachführerin zur Heimkehr ins Reich des Rausches: »Der Wille hinter diesen Urteilen heißt: Wir wollen verzaubert und beschworen sein.« Und die Ulla B. liefert das Rauschmittel. Man muß den Roman nicht einmal lesen. »Es reicht doch, sich ihre furiose Stimme für 20 Mark zu kaufen, die Kassette in den Recorder seines Autos einzulegen und ... die eine oder andere kleinbürgerliche, faschistoide Anwandlung reinzupfeifen.«

Aber Mirjam Schaub gibt wenigstens zu, von wo sie die Tonart bezieht: »Die vernichtende Kritik, die Peter Stolle im ›Spiegel‹ geschrieben hat« ...

Andere Stimmen zu dem Roman: Die Sprache

Ich fange an, mich ungemütlich zu fühlen. Der Chor der Verrisse macht mich unsicher: Sollte mir doch jede literaturkritische Sensibilität und Denkfähigkeit fehlen? Ist mein Aufgewühltsein nicht ein verdächtiges Zeichen, daß mein Gehirn noch recht pubertär strukturiert ist? Daß ich zwischen Kitsch und Kunst nicht unterscheiden gelernt hätte und für das Weihrauch-Wabern selbst in meinem hohen Mittel-Alter noch empfänglich wäre? Ich wollte ja auch mal Dichter werden und habe Tagebuch geführt, wie Hunderttausende von Gymnasiasten vor, während und nach der Hitlerzeit. Sogar noch als fortgeschrittener Student! Aber da habe ich immer noch pubertiert und viele ökonomische Strukturelemente meiner politischen Umwelt nicht wahrgenommen. Nie kommt in meinem Jugend-Tagebuch etwas über die Parteienfinanzierung während der Adenauerzeit vor. Und trotzdem habe ich ihn nicht gewählt, sondern bin, noch mit 25 oder 30 später, teils aus realistischen, teils aus idealistisch-mystifizierten Gründen auf Willy Brandt hereingefallen!

Also, ich fühlte mich zu einsam, wenn ich jetzt nicht ein paar Zeugen zu Hilfe holte, die den Roman von Ulla Berkéwicz nicht für eine nationale Katastrophe halten. Helmut Hein etwa berichtet in »Die Woche« (23.4.92) über eine Lesung der Autorin in Regensburg:

»Bei Ulla Berkéwicz wird tatsächlich unser Kopf zur Hegelschen Schädelstätte der Geschichte (und wir selbst zu ›Trümmerleuten‹, die fassungslos die verlorenen Paradiese begutachten); und unser Herz ist der manichäische Ort, wo die schwarzen und weißen Engel an uns zerren, bis es schier zu zerreißen droht.

Die Spezialisten für poetische ›Sounds‹ haben Ulla Berkéwicz ›Irrationalismus‹ vorgeworfen. Das ist nicht ganz falsch; und doch als Vorwurf merkwürdig deplaziert.

Denn die Autorin ist einfach nur eine rabiate, wütende Aufklärerin, die mit den Verlogenheiten und Halbherzigkeiten einer den ›heißen Brei‹ vermeidenden Faschismus-›Analyse‹ genauso Schluß macht wie mit dem Gratis-Antifaschismus, der nach 45 auch Nazi-Mitläufer staatstragend vereinte.« Also: Was dem einen die Weihrauchtante ist, die gefährliche Legenden repariert, ist dem anderen eine »rabiate Aufklärerin«. Während die einen unser Volk wieder faschistisch »landunter« sehen, und zwar weniger wegen der Rechtsradikalen als wegen Ulla B., meint Peter Jokostra in der »Welt« (2.5.92) etwas nüchterner:

»Dieser zeitnahe Roman ist auch die literarische Feuerprobe für die Autorin. Sie hat sie mit Bravour bestanden. Eine große Leistung! Ulla Berkéwicz wurde ja erst 1951 geboren, war also nicht Augenzeugin der Katastrophe. Sie mußte auf Gehörtes und Gelesenes zurückgreifen. Aber sie hat mit Akribie recherchiert. Wenn sie sich der verballhornten Sprache der Täter bedient, die sich für Helden hielten, bricht in Ulla Berkéwicz' Erzählung die mühsam verhaltene Wut auf die Schergen durch.«

Ähnlich nimmt es (anonym) die »Bücherschau«, »Österreichische Zeitschrift für Betriebs- und Gewerkschaftsbüchereien« (Nov. 1992) wahr:

»Berkéwicz erzählt in ihrem Buch auch die Geschichte der Nazi-Rhetorik, durchleuchtet den unglaublichen Propaganda-Schwulst, den gestelzten hohen Ton nicht nur in den Beschwörungen der Nibelungentreue und der stolzen Trauer, sondern auch in den jämmerlichsten Durchhalteparolen, die unterschwellig durch die Sprache das Denken betäuben.«

Wenn man also das eigene mögliche Ergriffensein von dem NS-Pathos nicht abwehren muß (es wäre ja keine Schande, das Fragment eigener Anfälligkeit zu entdecken, im Gegenteil!), dann hört man offensichtlich ganz andere Dinge, so auch Hartmut Kircher im »Kölner Stadtanzeiger« (8.5.92):

»Seinen inneren Zwiespalt vertraut er, der Dichter werden will, einem Tagebuch an. Darin wird sichtbar, daß sich sein von der Zeit geprägter jugendlicher Idealismus und sein Gespür für Recht und Menschenwürde immer weniger miteinander in Einklang bringen lassen.

Besonders bei diesen geheimen Aufzeichnungen sind der Autorin Passagen von größter Eindringlichkeit gelungen, die ihren feinfühligen, mitunter auch schöpferischen Umgang mit der Sprache dokumentieren. Manche Schwächen, die ihren früheren Prosaarbeiten angelastet wurden, sind in diesem Roman einer überzeugenden Erzählkunst gewichen. Kein Zweifel, sie gehört zu den bedeutendsten Schriftstellerinnen der deutschen Gegenwartsliteratur.«

Noch ein Happen Schweizer Gelassenheit, ausgebreitet im Rezensionsdienst der »Kantonalen Kommission für Gemeinde- und Schulbibliotheken« (Wädenswil, 2/1992) von vz:

»Was den Roman auszeichnet, ist die allgemein gültige Charakteristik, in der Ulla Berkéwicz – wie in einem Gleichnis – die tödlichen Mechanismen von Fanatismus und Totalitarismus aufdeckt und zeigt, wie für die Betroffenen unmerklich das Gute im Menschen sich in den Dienst eines ›schwarzen Engels‹ stellen kann. Ein Roman, der sich über viele andere mit ähnlicher Thematik heraushebt.«

Einer der ganz wenigen Rezensenten, die etwas von den eigenen Leseerlebnissen anklingen lassen, ja, die sich nicht genieren, das Hin- und Hergerissensein einzugestehen, ist Reinhold Horn im »Plärrer« (Juli 1992):

»Ihr erster Roman, denkt man, und dann dieses langweilige Sujet, das mehr Romanciers genährt hat, als man der literarischen Welt hätte zumuten dürfen. Und doch besinnt man sich im Verlauf der sehr anstrengenden Lektüre allmählich anders, beginnt sich anfänglich nur mit Widerwillen, dann mit zunehmender Begeisterung für den vermeintlich abgegriffenen Stoff zu erwärmen, für die sorgsam gebastelte Fabel, und verliebt sich immer mehr in den unmöglichen Stil der Berkéwicz... Wer von der Macht und der Tyrannei der Sprache an der Sprache und am Leib immer noch gern liest, der greife zu diesem seltsamen Buch.«

Die Stunde der Polit-Pädagogen

Die politisch-moralische Gefährlichkeit von »Engel sind schwarz und weiß« steht der ästhetischen in den Augen besorgter Kritiker in nichts nach. Der Roman droht nämlich, unser mühsam erworbenes aufgeklärtes und rationales Geschichtsbild über den Nationalsozialismus um Jahrzehnte zurückzuwerfen. Aus Aufklärung wird wieder Mystik, aus multidimensionaler und interdisziplinärer wissenschaftlicher Erkenntnis wird Aberglaube, gefährlich vereinfachender Hexen- oder Engelswahn, jedenfalls: ein Rückfall in magisches Denken und in den Glauben, die Hitlerei sei nur durch Sprachzauber oder pubertäres Schwärmen entstanden.

Fangen wir vorsichtig an. Heribert Hoven in der »Landshuter Zeitung« (10.7.92) erkennt:

»Ulla Berkéwicz bemüht sich, ihr breitgefächertes Personal differenziert darzustellen. Trotzdem halte ich es für einen bedenklichen, allenfalls novellistischen Einfall, wenn sich der größte völkische Hetzer als Jude entpuppt oder der von Reinigungsphantastereien heimgesuchte SS-Adept buchstäblich auf dem Altar seiner Heilslehre geopfert wird. ›Engel sind schwarz und weiß‹, das mag ja sein; die Deutschen aber durchgängig zu Tätern und gleichermaßen Opfern zu machen, wie es der Roman nahelegt, zeigt keine Zusammenhänge auf, sondern fördert ungewollt die Legendenbildung.«

Es gibt dem Nationalsozialismus gegenüber in manchen Kreisen eine Haltung, die sich so zusammenfassen ließe: »Differenzierung ist schon Verrat an der ein für allemal festgeklopften Globaldiagnose.« Wie schnell wird daraus: »Wie der Roman es nahelegt«? Wodurch? Können die Leser nicht selbst denken? Hundertprozentige Täter sind nicht *in extenso* dargestellt. Vielleicht wären sie langweilig. Hannos Vater, der Gerichtspräsident, der freilich fast eine Karikatur bleibt, erfüllt am ehesten

Hovens Forderung, mindestens opportunistische Mittäter so zu porträtieren, daß sie uns nicht sofort wieder als Opfer vorkommen.

Hovens Verdacht erscheint mir ziemlich absurd. Aber ich höre auch die Mitscherlichsche Warnung aus seiner Autobiographie von 1980, daß es gefährlich sei, zu viel Einfühlung in Nazitäter oder -mitläufer entstehen zu lassen oder gar mitzuteilen (etwa hinsichtlich ihrer pathologischen frühen Sozialisation), weil das sofort als Entlastung und Rechtfertigung verwendet werden könnte. Hierzu mehr in meinen Einzelanalysen in »Politik und seelischer Untergrund« (Frankfurt 1993) mit dem vollständigen Zitat.

Jedenfalls heißt es bei Hoven weiter:

»Während eine Kurzchronik von Reinholds Familie den Weg ins 3. Reich wie ein lehrreiches Geschichtsbuch an typischen und daher bekannten Beispielen aufzeigt, gerät die Handlung dort, wo sie laufen sollte, zum Episoden-Parcours, dessen flache Einfälle bereits in etlichen Kriegsromanen à la Konsalik kolportiert worden sind...« Und nun mit sittlichem Ernst mahnend:

»Wer vom Völkermord und seinen Ursachen *erzählen* will, muß sich mit den luciden Zeugnissen derer vergleichen lassen, die das Unfaßbare erlitten und überlebt haben.

Mögen auch viele Töne des Romans authentisch klingen; mit der Verführbarkeit einer erlösungssüchtigen Nation läßt sich die Wirklichkeit des ›Tausendjährigen Reiches‹ allein kaum erklären...« Wer hätte dies nun behauptet? Nur ein selbstgebastelter Buhmann, nein Buhfrau. Aber wenn von dieser Verführbarkeit in einigen Figuren etwas spürbar wird – und das wird es in der Tat –, dann ist das ja schon viel, von der Sprachkraft einmal ganz abgesehen.

Manche Kritiker reagieren auf einen implizit auch Geschichte deutenden Roman, der keinerlei monokausale Theorien transportiert, sondern mögliche Zusammenhänge andeutet, mit einer ähnlichen Ängstlichkeit wie bis vor kurzem SED-Obere auf Literatur: so, als könnte sie neue gefährliche Erkenntnismuster in die Köpfe zaubern oder aufgezwungene Deutungsmuster in Frage stellen. Und dabei hatten die SED-Oberen mehr Grund zur Angst, weil sie die Wirkung der Literatur auf verordnete Wirklichkeitsdeutungen fürchteten. Ein kühner Schluß aus diesem Vergleich wäre dann der: Wer so sehr fürchtet, dieser Roman könne Unheil in den deutschen Köpfen anrichten, die doch seit einigen Jahrzehnten frei denken und forschen dürfen, der muß etwas ahnen von der Brüchigkeit aufgenötigter Denkrichtungen. Und zu diesen aufgenötigten Denkrichtungen mögen auch die oft gestanzt und global wirkenden Erklärungsmodelle wie die pauschalierenden Abschreckungsrituale gehören, die den öffentlichen Diskurs durchdringen. Traut man nun dem Denken und dem langsamen Gang der Aufklärung, oder muß man bei einem Roman ohne pädagogische Halteseile um den Zusammenbruch aller inzwischen erworbenen Orientierung fürchten?

Entweder ist der Roman gefährlich, weil er die Legendenbildung fördert, indem er falsche Zusammenhänge propagiert – dann soll man es genau aufzeigen. Oder aber man konstatiert, daß es sich um ein unliterarisches Machwerk handelt, das den Leser kalt läßt, dann braucht man nicht die laute und anhaltende Gespensterbeschwörung.

Hoven allerdings vermag, zweistimmig, beides gleichzeitig zu behaupten:

»Ulla Berkéwicz' Erstlingsroman ist kein Spiegel der deutschen Geschichte, sondern ein Panoptikum, dessen Nummern einen verstaubten Mythos vorführen, der heutzutage weder zur Identifikation reizt, noch Widerspruch provoziert.« Also: Wo ist die Gefahr bei der handgestrickten Bastelarbeit? Und gleichzeitig ist sie doch so bedrohlich, daß intensiv gewarnt werden muß.

Sulamith Sparre sieht die reale Gefahr für die Nation in dem Machwerk noch klarer: »Kann man wahre Worte finden? Kann es geschehen, daß jemand, der die Wirkungsmacht von Mythen erklären will, diesen selbst erliegt? Welche Folgen hat das?« Schlimme! Das kann man sich denken. »Der vorliegende Fall (Fall Berkéwicz, T. M.) ist ein deutsches Problem, ein Problem der Auseinandersetzung mit der jüngsten deutschen Geschichte, also mithin etwas, das immer noch virulent ist. Der ›Fall‹, um den es hier geht, ist somit symptomatisch. Er ist aber auch entlarvend. Da die Autorin bekannt ist, ist es unumgänglich, sich mit ihrem Buch auseinanderzusetzen, und das heißt: vor ihrem Buch zu warnen.« Der moralische Druck wächst im Laufe der Rezension: »Was dann kommt: der Krieg, das Grauen, Zeugenschaft vor Erschießungsgräben: Berkéwicz unterschlägt ihren Part der Auseinandersetzung; sie meint, durch die Fiktion eines Tagebuchs als Autorin glaubwürdig zu sein. ... Hier aber wäre die Chance der Autorin Ulla Berkéwicz gewesen, kritisch zu analysieren; die pathetische Beschwörung einer schönen Seele ersetzt nicht die politische Kritik.« In der Tat nicht. Es könnte aber sein, daß die kritischen Zusammenhänge im Roman etwas tiefer liegen, als sie, nach dem Wunsch der Rezensentin, auf den distanzierenden Hinweistafeln anzubringen gewesen wären. »Was hätte ein fähiger Autor aus diesem Stoff machen können! Das Buch ist mit guter Absicht geschrieben – aber ein ›guter Wille‹ ist nicht gut genug für ein überzeugendes Buch«, das »den braunen Mythos beschönigt, statt ihn zu entlarven«.

Auch Daniel Meister erkennt die Gefahr sofort (»Nordschweiz«, 13.8.92):

»Gabriel gehört einer Widerstandsgruppe an, die es sich zum Ziel gesetzt hat, den ›in die Irre geleiteten deutschen Geist zu kurieren‹. Mit deren Informationsarbeit – sie informieren Reinhold über die Folter und Pogrome der Nazis – bestärkt Ulla Berkéwicz die weitverbreitete These, die Deutschen hätten vom mörderischen Vorgehen ihrer SS nichts gewußt. Da liegt unter anderem die Gefahr dieses Romans, der Entmythisierung der nationalsozialistischen Zeit entgegenzuwirken.« Und das auch noch von einer Nachgeborenen, die sich höchstens künstlich zurückversetzen oder gar -sehnen kann: »In Berkéwicz' Roman hingegen lauert der Phantomschmerz derjenigen, die mitleiden, aber nicht gelitten haben.« Die Behauptung ist keck und fördert die Vermutung, die Autorin sei, weil heutzutage nichts Schreckliches mehr passiert, mal eben auf Leidsuche gegangen. Mitgebracht von ihrer langen Reise hat sie angeblich nur die ungute Eigenschaft, die NS-Zeit gar nicht so schlimm oder verwerflich und unentschuldbar zu finden:

»Zum guten Ende ist der Krieg aus, Reinholds Buch voll und

die Entschuldigung für das Ganze liegt gefährlich nahe: Vielleicht haben die Menschen nur das Gute im Bösen gesehen? (So die Verdrehung eines Satzes von Reinhold – S. 323 –, als sei das die Meinung der Autorin, T. M.) – Darf man blind sein vor der eigenen Blindheit?, kann man sich da nur fragen.« Was heißt das übersetzt? Die Autorin sieht nicht nur nicht die Schrecken der NS-Zeit und ihre Rechtfertigung im Roman, sondern sie ist auch zu blind, um zu sehen, was sie da tut.

Bei dem bereits mehrfach zitierten Manfred Stuber *weiß* die raffinierte Autorin, was sie will: Die Geschichte, durch die Einführung von Engelsgestalten, ihrer realen Bewegkräfte in verdunkelnder Absicht berauben und durch mythische Kräfte ersetzen, so daß ein heilloser Wirkungszusammenhangssalat entsteht. Aber Stuber hat die Sinnverdreherin erwischt und schlägt ihr das geschichtsvernebelnde Instrumentarium aus der Hand: »Vor 15, 20 Jahren erklärte man sich den Faschismus primär mit ökonomischen und massenpsychologischen Mechanismen. Das mag nicht völlig erschöpfend gewesen sein, und man ist immer dankbar, wenn da etwas Erhellendes dazukommt. Aber die Erklärung, jener Weltbrand habe seine tiefste Ursache darin, daß die cherubinischen Paradieswächter das Kostüm gewechselt hätten, ... fällt eindeutig hinter den Forschungsstand zurück.« Warum habe ich diese »tiefste« Geschichtstheologie nicht bemerkt? Darf das denn wahr sein, daß gebildete Kritiker der Autorin das unterstellen, was sie einzelnen Figuren in deren hilfloser Aufgewühltheit in den Mund legt?

»Poesie in Ehren!« schreibt Stuber weiter. »Aber kann man der Selbstdämonisierung der Nazis mit einer Gegendämonisierung antworten, also auf deren Irrationalismus noch eins draufsetzen? Wo soll das enden? Na schön, Engel sind derzeit ›in‹, der Sachbuchmarkt wird überschwemmt mit Prachtbänden über jene unbewiesenen Himmelgeister. Das Erlösungsbedürfnis ist heute so allgemein wie diffus. Das gleiche gilt für die Angst vor dem Verderben. Und wer die Welt nicht mehr versteht, der sucht schon mal Schutz unter den Fittichen sphärischer Body-Guards... Und wenn unsere Epoche schon so hochgradig desorientiert ist, warum dürfen dann nicht die himmlischen Heerscharen auch mal eine Rolle übernehmen, die einst den Herrschern, dann den Völkern, den Parteien oder meinetwegen auch den Produktivkräften zukam – nämlich Geschichte zu machen?« Perfide ist auch die dem Zitat nachfolgende Zwischenüberschrift, in eine Frage gekleidet: »*Hat Luzifer die NSDAP gegründet?*« Ulla Berkéwicz ist alles zuzutrauen!

Die törichte Dauerverwechslung von Zitat und Haltung oder Absicht der Autorin läßt argumentativ jede Verdrehung zu. Und diese Verdrehungen durchziehen eine große Zahl von Rezensionen. Deshalb braucht es dann ja die pädagogischen Mahnungen, die mit so viel Dummheit auch beim gebildeten Volk rechnen.

Der Rezensent hat, wie bereits erwähnt, anläßlich einer Lesung der Autorin in der »Mittelbayrischen Zeitung« (9.4.92) noch einmal zum Schlag ausgeholt, sicher aus Sorge um den Zustand der Nation und um den Rechtsradikalen (aber auch allen anderen labilen Romanlesern und literarisch Rauschgiftsüchtigen) den Zugang zu unverhofftem Theorie-Heroin und Literatur-Kokain der Ulla B. nicht zu leicht zu machen.

»Aber meine Bedenken gegen das Buch bleiben bestehen: Die Autorin erklärt (nein, erzählt) den Faschismus unsoziologisch, unpolitisch. Die einzig neue Seite, die sie dem aus allen Blickwinkeln längst beleuchteten Phänomen abgewinnt, ist mir zu modisch: Die Engel, die schwarzen und die weißen, die – dieses Bild suggeriert sie unterm Strich – als metaphysische Drahtzieher die Historie entweder zu Guten oder zum Bösen wenden! Gott als Schöpfer von Geschichte bietet dem Menschen schon zu viele Alibis. Und Engel? Die sind mir zudem auch noch zu ›in‹. Luzifer war, soweit ich die Sache überblicke, nicht der ›spiritus rector‹ der NSDAP.

Der Versuch, den Faschismus als eine grandiose schwarze Messe abzuhaken, die vielleicht satanisch angewehten Ordensburgen der SS als den wirklichen, verborgenen Wesensgrund des Faschismus zu erklären, als den wahren ›Zauber, der im innersten Kelch der braunen Blume gesungen wurde‹ – das deucht mir ein Symptom der gerade gängigen (kurzsichtigen) Mythisierung von Gesellschaftsprozessen. Die Autorin versichert, Satanismus und Teufelskult habe es bei den Nazis gegeben. Das mag sein!

Den Faschismus aber darauf zu reduzieren ist so unzureichend, als wolle man behaupten, das Dritte Reich sei die bisher größte homosexuelle Leder- und Gummi-Orgie der Weltgeschichte gewesen, nur weil es da den Fall Röhm gab.«

Mir muß entgangen sein, daß Ulla B. solchen Unsinn behauptet. Daß man von solcher intellektueller Panik beim Lesen des Romans doch nicht ganz weggeschemmt zu werden braucht, zeigen einige andere Rezensionen, die die aufklärerische Kraft trotz aller mythischen Bilder gespürt haben. So schreibt Wolfram Weidner für »dpa« (Datum liegt mir nicht vor, T. M.) immerhin:

»So sehr die Kritikerschelte in einzelnen Punkten zutreffen mag, so wenig kann man der 40jährigen Frankfurter Autorin... den Mut absprechen, sich dichterisch und unkonventionell mit einer Zeit auseinanderzusetzen, die sie selbst nicht erlebt hat... Beachtung verdient ihr Bemühen, die Auswirkungen der Naziherrschaft auf die Gedanken und Gefühle einzelner Menschen nachzuempfinden. Bei der Suche nach der Antwort auf die Frage: ›Wie konnte das alles geschehen?‹, mit der der Roman schließt, legt sie die kleinbürgerlichen Wurzeln für den braunen Massenwahn bloß.« Auch scheint der Held für Weidner nicht völlig empfindungslos und ideologisch für immer festlegt:

»Jüdische Schicksale unter dem Naziterror bilden eher Randerscheinungen des Romans, obwohl sie Reinhold vom arglosen Nachbarn jüdischer Mitbürger zum argwöhnischen Beobachter und Zeugen der Vernichtung wandeln, der schließlich unter Schock die Truppe verläßt.«

Auch Dieter Heß im »Kulturjournal« des Bayerischen Rundfunks (26. 1. 92) zweifelt an der NS-Trunkenheit von Ulla Berkéwicz und bestätigt ihr Mut: »Ulla Berkéwicz, die Nachgeborene, hat ein ganz neues Buch geschrieben, möglicherweise das gefährlichste unter lauter ungefährlichen, weil abgesicherten, sanktionierten Anti-Nazi-Büchern. Sie ist sehr nahe herangegangen an die mystischen Quellen der Nationalsozialisten, versucht quasi hautnah den Zauber, die Verlockung, den Schönklang zu spüren, der Millionen junger Menschen ›damals‹ bezirzt haben muß.«

Auch Peter Mohr in der »Hannoverschen Allgemeinen Zeitung« (7.5.92) sieht nicht die Nation in Gefahr, durch das Buch wieder nationalsozialistisch zu werden:

»Ulla Berkéwicz' Roman hat das gefährliche Mitläufertum, den fanatischen Rassenhaß, der auch vor dem Nachbarn nicht halt machte, und die Gewissenskonflikte einer ganzen Generation schonungslos offenbart. ›Wie konnte das alles geschehen?‹ fragt Reinholds jüngerer Bruder zum Abschluß des Romans. Die eindrucksvolle Antwort hat Ulla Berkéwicz mit dem vorliegenden Werk geliefert.«

Gründlicher noch hebt Heinz Ludwig Arnold im »Literaturjournal« des Norddeutschen Rundfunks (24.5.92) die aufklärerischen Verdienste hervor:

»Das Buch endet mit der Frage: ›Reinhold, wie konnte das alles geschehen?‹ – seine 350 Seiten versuchen darauf eine Antwort. Diese Antwort zielt aber nicht auf eine Darstellung der äußerlichen Geschichte des ›Dritten Reiches‹ oder der Protagonisten des Romans, sondern Ulla Berkéwicz legt mit ihrem Erzählen autoritäre Denk- und Verhaltensstrukturen bloß; sie begründen jene deutschen Befindlichkeiten, welche zu einer auch gesellschaftlich getragenen Diktatur führen, die das ›Dritte Reich‹ ja war. Wenn man so will, hat Ulla Berkéwicz eine Mentalitätsgeschichte der ersten Hälfte dieses Jahrhunderts in Deutschland geschrieben... so etwas wie eine psychologische Studie, und erzählerisch eine große Metapher auf die Ambivalenz der menschlichen Psyche und ihrer Geprägtheit: der Mentalität.«

Und dann zur Sprache, die diesen Kritiker nicht zum ängstlichen literararischen Anti-Rausch-Warner macht:

»Solches Erzählen neigt zum Symbolisieren, zur Allegorie, und es ist immer in Gefahr, aus dem Ruder zu laufen, zur Mystifikation zu verkommen. Doch dem entgeht Ulla Berkéwicz. Der leichte Schleier einer mythisierenden Distanz, die gleichwohl über diesem Erzählen liegt, verhüllt aber nicht mystifikatorisch die reale Geschichte des ›Dritten Reiches‹, sondern markiert nur das *pars pro toto* dieses Erzählens, seine eindrucksvoll treffende Beispielhaftigkeit, die ja auch deshalb trifft, weil der Leser des Buches die reale Geschichte, von der es sie ausdeutend handelt, kennt.«

3. Exkurs: Über den Kitsch

Dieser kleine Text fußt nicht auf der literatur- oder kunstwissenschaftlichen Forschung über den Kitsch. Mir ist hier nur wichtig, daß es sich bei Kitsch um die Vereinfachung von affektiven Zusammenhängen handelt, damit für komplizierte seelische Sachverhalte, Probleme, Sehnsüchte und Dilemmata Lösungen aufscheinen, die uns von Seelenarbeit befreien und mit falschen Formen oder Formeln zur Ruhe kommen lassen. Sie gaukeln uns Bilder vor, die dem Herzen vorschnell Frieden versprechen, indem sie das Gute, Schöne und Wahre handlich, quasi im Stickrahmen, darbieten, so daß uns Abgründe, Unstimmigkeiten, Zweifel, Schuld und Beunruhigung für kürzere oder längere Momente erspart werden.

Aber warum lassen wir uns gelegentlich vom Kitsch täuschen und einfangen? Warum kann Kitsch zur Industrie werden? Warum erscheint uns heute der deutsche Film der fünfziger und sechziger Jahre mit seiner heilen Welt der Forsthäuser, Bauernhöfe und Almhütten als eine Welle des Kitsches? Was heißt »heile Welt« nach Jahren von Terror, Krieg und Elend? Wie hängt Kitsch mit dem Thema »Vergessen und Verdrängen« zusammen? Wie tief dringen Schlager in die Seele ein? Wieviel Wahrheit und Unwahrhaftigkeit müssen gemischt werden, damit Kitsch entsteht? Auf welcher seelischen Schicht »erwischt« uns Kitsch? Seine Rezeption, oder besser, die gelegentliche Labung an ihm ist auch bei Gebildeten häufig, aber mit Scham verbunden, mit dem Bedürfnis nach Rechtfertigung, vor allem aber mit dem Versuch, wenigstens den Genuß zu leugnen. Was bedeuten die Verklärung von Armut und Leiden im Kitsch, die dort suggerierte Illusion, Edelmut, Treue, Liebe und Wahrhaftigkeit fänden auf der Welt ihren Lohn? Worauf also antwortet der Kitsch, was individuelle und kollektive bedrohliche Seelenlagen angeht? Gehören Hitlerei und Kitsch zwangsläufig zusammen? Mußte neuer Kitsch nach dem Krieg über den Zusammenbruch des alten hinwegtrösten? Gibt es wirksame Formen der Trennung oder Loslösung von überwundenen Formen des Kitsches, die Reifung verraten? All dies ist erst unzureichend erforscht. Wird die Seelenschicht, in der Kitsch wirksam war, einfach begraben, zugeschüttet, überlagert? Muß also auch die Anfälligkeit für Kitsch »bewältigt« werden? Ist Kitsch ein pädagogisches Problem, eine Frage von Aufklärung und Volkserziehung?

Viele offene Fragen. Was Luhmann mit »Reduktion von Komplexität« bezeichnet, gilt auch hier: im Affektiven. Luhmann sieht in dieser Tendenz, die unübersichtliche Wirklichkeit durch vereinfachende Kategorien übersichtlicher zu machen, eine anthropologische Dimension, in deren Dienst Ideologien, Glaubenssysteme, Wissenschaftsparadigmata wie Institutionen stehen. Aber nicht nur der Verstand, der Wille, die äußere Wirklichkeit zu verstehen, suchen nach handlichen Simplifizierungen. Auch die menschliche Seele drängt nach Vereinfachungen. Wenigstens im Ideellen, sozusagen in der Feierabendstimmung soll die Welt übersichtlich, tröstend und »in Ordnung« sein.

Daß solche sehr allgemeinen Fragen mit dem Roman »Engel sind schwarz und weiß« von Ulla Berkéwicz verbunden sind, ist der Grund für die Allergie und Phobie der Kritiker gegen den Kitsch, der – wie sie sagen – den Roman aufblähe und die Lektüre zur Qual mache. Da ich diesen Text am frühen Morgen schreibe, auf meinem Bauernhof im Schwarzwald, und erste Helligkeit über dem dunklen Waldrand aufscheint, bin ich den vereinfachenden Bildern näher als sonst. Gleichzeitig sehe ich ganz klar. Ich bin nicht in Gefahr, von den das Gemüt ansprechenden Bildern aufgesaugt zu werden, weil ich weiß: Sie sind zur Erholung da, zum vorübergehenden Auftanken in ländlicher Einfachheit, die freilich für kurze Augenblicke ganz archetypisch wirken kann. Aber wenn nun meine ganze Umwelt in solchen Bildern zu leben begänne, wenn sie politisch überhöht würden; wenn die süßlich zusammengezogene Welt, noch von Rassendünkel überhöht, mir als Jugendlichem als die richtige und überlegene gezeigt würde, und wenn diese Welt als dauernd bedroht dargestellt würde, von einer fremdrassigen Gefahr, die darauf zielte, das, was mir, meinem Familienclan und auch »meinem Volksstamm heilig ist«, an der Wurzel zu beschädigen? Wenn mir meine Lehrer ohne Widerspruchs- und Fragerecht immer wieder sagten, daß die vereinfachenden Bilder vom erdverbundenen Leben Zeugnis ablegen von einer tiefen Verbundenheit mit wissenden Ahnen und den Eingebungen des Blutes, dessen Wahrheit tiefer und älter sei als die der Vernunft oder der welschen »Zivilisation« oder gar der jüdischen »Unkultur«? Ja wäre ich dann gefeit dagegen, dies alles für bedroht zu halten, gegen die Verlockung, es zu verteidigen und weitertragen zu wollen? Wer hätte mich denn informiert, daß die Bedrohung eher von innen als von außen kommt?

Als Psychoanalytiker sage ich: Wer als Kind nicht die Möglichkeit hatte, seine Gefühle an vereinfachten Bildern zu schulen, um sie zu erleben, zu erkennen und in Besitz zu nehmen, damit sie sich wandeln können, der verarmt oder muß sich später spalten. Die geschönten (wie die bedrohlichen) Bilder müssen heraus im Kinderspiel und in Gesprächen und Streitgesprächen mit den Eltern, den Verschwörergrüppchen der Freunde. Alle Kinder gehen aufgewühlt durch Phasen des Kitsches, der aber, in den dazugehörigen Zeiten erlebt, gar kein Kitsch ist, sondern eine Sondierung der affektiven Möglichkeiten. Kinder brauchen, zum Beispiel in Märchen, eine vereinfachende Bilderwelt von Orientierung, Hoffnung, Bannung von Angst, ein Erkennen der späteren Vielfalt, aber zwangsläufig vereinfacht zum eher Holzschnittartigen, damit aus der unübersehbaren Fülle nicht schon zu Beginn Verwirrung und Entmutigung entstehen. Die Reife der Eltern besteht darin, dieses Aufblühen der vereinfachten und vereinfachenden Gefühle zu genießen, zu fördern, sie aber sich nicht festsetzen zu lassen, weil die »Reinheit« der Kinderseelen ihnen selbst in ihrem eigenen unverdauten Elend zum parasitären Trost, also zum Kitsch in *ihrem* Leben wird. Das geschieht durch die Transplantation des entwicklungsgeschichtlich Stimmigen in eine erwachsene oder teilerwachsene Wirklichkeit, wo es dann nur noch Versatzstück, Lebensplombe und Tapetenschwindel ist.

Ideal wäre also, die Epochen der vereinfachenden kindlichen Gefühle im Erwachsenenleben nicht total verraten, verdrängen, begraben zu müssen. Gefühle sollten reifen dürfen, aber dafür brauchen sie ein Klima, das Kontinuität und Veränderung gleichzeitig erlaubt, nicht jedoch zu Brüchen zwingt, die Abspaltung, Selbstverrat, Verschüttung notwendig machen. Kitsch ist dort, als massenhaft auftretendes »falsches Seelisches«, auch politisch bedrohlich, wo Gefühle in der Entwicklung nicht reifen durften; wo die jeweilige Elterngeneration nicht »wahrhaftig« und gelassen sein konnte; wo Lüge und eine zynische oder desillusionierte Erwachsenheit Einzug hielt, in der dann Kindergefühle wie eine Fata Morgana konserviert werden. Diesem Thema bin ich in einem Stundenbericht aus einer Psychotherapie mit einem Kind von NS- und Kriegszeit nachgegangen: »Ein Enkel Hitlers«, in »Politik und seelischer Untergrund«.

Die intellektuell allergische Reaktion auf »Kitsch« läßt also darauf schließen, daß dieses innere Pendeln zwischen Kindergefühl und Erwachsenengefühl nicht erreicht wurde. Die Allergie der Kritiker wird zur fast blinden Aggression, wenn in einem Text tatsächlich »Kitsch« reproduziert oder nachgestaltet wird als ein Eintauchen in jene typische seelische und geistige Verunreinigung der NS-Zeit, die aus der Vermischung des Infantilen mit dem Erwachsenen entsteht, seelisch stickige Luft also, die Atemnot erzeugen kann. Die Autorin, die das Eintauchen in und die Reproduktion solcher »unreiner« Gefühls- und Sprachzustände wagt, jedoch als selbst »unrein« und davon süchtig überflutet zu denunzieren ist ein primitiver Mechanismus der Abwehr.

Die Kritiker verfahren wie die alten Maler des heiligen Antonius und seiner Versuchungen: Sie wollen den Spiegel nicht sehen, die Einladung zur Introspektion, sondern beschuldigen statt dessen die Verführerin. Die »Haltet-den-Dieb-Technik« verhilft dazu, das politisch Verführerische, das einst offizielle Realität war, zu orten und dingfest zu machen. Es ist eine Technik der Selbstimmunisierung, die nach intellektueller Hexenverbrennung ruft. Das geht allerdings nicht ohne eine gewaltige Selbstbeschneidung ab: Der Zugang sowohl zur eigenen Pubertät wie zur eigenen Kindlichkeit, aber auch der Zugang zur eigenen Familiengeschichte müssen verschüttet sein, wenn geistige Allergien oder seelische Asthmaanfälle diesen Ausmaßes die unmittelbare Folge der Lektüre sind.

Aber noch einmal zurück zum Wiederauftauchen des Kitsches oder der Angst vor dem Kitsch in Psychotherapien. Viele Patienten – und ich spreche hier von einem Syndrom, das bei allen Menschen vorkommt, bei Patienten aber in der Wiederholung der Übertragung lediglich besonders deutlich sichtbar ist – haben Verarbeitungsstörungen bestimmter Phasen, in denen besonders heftige Gefühle eine Rolle spielen. Zu ihnen gehören auch Stimmungen der Andacht, des begeisterten Glaubens, der Idealisierung wie der Dämonisierung, ebenso wie Ängste vor Verfolgung. Solche Stimmungen ranken sich um Bilder des Bösen, die nach Konkretisierung oder leicht faßbarer Symbolik drängen. Diese Menschen verlangen nach hilfreicher Antwort und Erläuterung, weil es sonst zu unerträglichen Brüchen und Spannungen im langsam wachsenden Bild der Welt kommt. Gibt es diese antwortende Deutung und Erläuterung nicht, so bleibt entweder eine Fixierung zurück, oder die Bilder und Gefühle werden, unter dem Druck spöttischer oder strenger Erwachsener oder Schulkameraden, abgespalten, vergessen und verdrängt. Das bedeutet aber nicht, daß sie unwirksam würden. Ihre Ausstrahlung ist nur ins Unbewußte verlagert. Im harmlosen Fall werden sie im Kino, in der Trivialliteratur, im Fernsehen, im Sport, in Abenteuern oder in Tagträumen ausagiert. Aber sie können auch den Einfluß von Demagogen nähren, da diese die Befriedigung solcher latenten, unreifen, vereinfachenden, Geborgenheit oder Macht verheißenden Tendenzen versprechen.

Nun kommt für Kinder noch ein ebenso rettendes wie in vielen Fällen bedrohliches Phänomen hinzu: Sind die inneren Bilder der sie schützenden Erwachsenen aufgrund seelischer oder sozialer Umstände brüchig, unzuverlässig oder bedrohlich, dann kann sich das Kind nur an selbstausgestaltete innere Bilder halten, die es zu seinem Schutz ausschmückt. Der Schutzengel war zum Beispiel ein solches sozial vorgegebenes Symbol oder eine mythologisch-religiöse Figur, die die schützende Macht der Eltern im guten Falle ergänzt, deren Fehlen im schlechten Falle sie aber kompensieren mußte. Inzwischen kennen wir andere, profanere: Batman, Superman, Zorro – in meiner Jugend Prinz Eisenherz –, aber auch die Feen im Märchen, Filmhelden, idealisierte politische Führer, indische Gurus, in religiösen Dimensionen Jesus oder ein Heiliger Vater. Andererseits können es auch Gruppen oder Großgruppen sein, Sekten, Parteien, Orden oder Geheimgesellschaften, und schließlich übernimmt, im destruktiven Fall, bei dem aber ebenfalls auf die Mechanismen der Idealisierung zurückgegriffen wird, dann sogar die SA oder die SS eine solche Funktion.

Bei vielen Patienten findet man in bestimmten Phasen ein weitgehendes Angewiesensein auf solche Hilfskonstruktionen, auf die Vorstellung eines geheimen Bündnisses, von Erwählung, einer Sonderbeziehung zu Gott, von schützenden Geistern, geheimnisvollen Kräften, überformten Bildern von Ahnen, Verwandten, politischen Führern. Eines der Geheimnisse der Wirksamkeit Hitlers (wie auch Stalins) war, daß sie auf der Ebene eines magischen Vaters, Retters, Schutzengels, Alles-Sehers und Lenkers in der Kindheit wie eines idealisierbaren Führers in der Pubertät inthronisiert wurden. Der Über-Vater Hitler oder Stalin, Mao, Ceauşescu, Kim il Sung, aber früher auch König oder Kaiser, wurde so dargestellt, daß er von sich selbst das Höchste forderte, also auch vom Jugendlichen das Höchste fordern durfte. Damit war das Tor zu Idealisierung und Selbstidealisierung aufgestoßen. Und blinde Idealisierung ist der beste Schutz vor realistischer Überprüfung oder gar enttäuschter, weil in die Individuation führender Trennung.

Weil die Fähigkeit zu idealisieren bei Kindern riesig ist, da Idealisierung eine zum gesunden Aufwachsen notwendige Seelennahrung bietet – die aber eben auch süchtig machen oder vergiften kann, mißbraucht oder durch Enttäuschung zerstört wird oder aber wie eine Geschwulst zu wuchern vermag –, greifen Diktaturen zu Inszenierung und sozialer Technologie der Idealisierung. Damit wird Kitsch zum staatstragenden Prinzip, weil die befohlene Verklärung die Deutung des Alltags ebenso umfaßt wie die großen, alles gestaltenden Zukunftsvisionen.

Die Hilfskonstruktionen scheinbar »kitschiger« schützender innerer Bilder, Gestalten oder Szenen tauchen nun in der Wiederholung der Kindheitsgeschichte in der Therapie erneut auf, und der Patient ist gezwungen, sowohl die Zustände wieder zu erleben, zu deren Bewältigung die Figuren erfunden und ausgebaut wurden, wie gleichzeitig die Umstände noch einmal zu durchleiden, unter deren Druck sie vergessen, verdrängt und beschämt zur Seite gelegt wurden. Ein kostbarer Gefühlsbesitz, durch den Zwang der Traumata deformiert, zeigt sich also an seinen entstellten Produkten und den heimlichen Fixierungen auf sie. Deshalb sind solche Phasen in der Therapie mit besonders viel Scham und Schmerz verbunden: Ist doch einerseits die unbewußte Abhängigkeit von holzschnittartigen Trost- und Größenbildern noch vorhanden, ihr Inhalt andererseits durch das Erwachsenwerden wie den erlittenen Spott oder das Unverständnis in Frage gestellt oder diskreditiert. Der Patient fürchtet, daß er die Seele voller Kitsch habe, weil er nur die Erwachsenenurteile kennt, unter deren Druck er diese Gefühle als nicht vorzeigbar aus dem Bewußtsein verabschiedet hat. Hilft man ihm aber über die Scham hinweg, so zeigen sich Kindergefühle von leuchtender Kraft, die von falschen Zuschreibungen deformiert oder von mangelnder Einfühlung in den Untergrund gedrängt wurden. Der Therapeut ist nun in der nicht leicht auszuhaltenden Lage, dem Patienten als Unhold zu erscheinen, der seinerseits – wie alle Erwachsenen – die Schönheiten der Kindergefühle für Kitsch hält. Um diesen Urteil zuvorzukommen, schweigen die Patienten lange oder beginnen, wenn die Inhalte sich zeigen, sie von vornherein selbst zu entwerten, sich zu winden unter der Scham und der befürchteten Demütigung. Das strahlende (oder auch bedrohliche, aber echte) Kindergefühl von der späteren Verarbeitung zu Kitsch – als Trostklischees für Erwachsene aus dem nicht gereiften, sondern verfaulten oder abgestandenen Pool der Kindersehnsüchte entstanden – zu trennen, ist eine langwierige, aber auch eine sehr ergiebige Arbeit. Man wird dadurch belohnt, daß sich Fragmente des »wahren Selbst« zeigen, und zwar in den Momenten, wo es durch die Stärke von authentischen Gefühlen eine ungewöhnliche Strahlkraft erhält. Der Patient wird zu Andacht und Begeisterung, zu Hingabe und Identifizierung fähig – vielmehr, er reaktiviert sein kindliches Potential dazu und braucht das Gefühl, daß diese Abhängigkeit und Schutzlosigkeit religiöser oder märchenhafter Stimmungen nicht mißbraucht werden; diese Gefühle brauchen Schutz, damit sie sich ganz allmählich realistische Inhalte, Ziele, Ideale und ein realistisches Selbstbild suchen können.

Zurück zur NS-Zeit: Eine deformierend autoritär erzogene Generation von Kindern und Jugendlichen, aber auch jungen Erwachsenen (ich kann hier nicht alle Altersgruppen der später süchtig Begeisterten diskutieren) findet in den aus heutiger Sicht leicht als »Kitsch« zu erklärenden seelischen NS-Symbolen eine Art Heilung zur Ganzheit, die aber nur durch die kollektive Begeisterung trägt. Das Phänomen der Ansteckung, sozusagen die Chemie des kollektiven Rausches, ist bisher nur unzureichend erforscht. Wenn wir heute im stillen Kämmerlein und höchst individuell im Sonnenlicht unserer historischen Aufgeklärtheit solche Texte lesen oder Bilder sehen, verstehen wir ihre »Heilkraft« und Faszination oft nicht mehr, besonders wenn ein Stück Abwehr dazukommt. Aber Romane wie »Nachwuchs« von Renate Finckh machen den kollektiven Seelenzustand, hier am Beispiel einer weiblichen NS-Jugendführerin, wenigstens verständlich.

In Zeiten raschen sozialen Wandels, auch großer materieller Not und in der Angst des Krieges werden die Eltern viel rascher entidealisiert als in »normalen« Zeiten. Diese Entidealisierungslücke wird nun sowohl von innen wie von außen gefüllt: von innen dadurch, daß die Leere durch tröstende »Sinnbilder« überbaut wird und man sich zwanghaft mit (noch) nicht entwerteten Vorbildern identifiziert. Von außen wird sie mit angeblich »sinnstiftendem«, staatlich organisiertem Kitsch überschwemmt, der die tieferen, nicht autonom gereiften Kinder- und Jugendlichengefühle aufgreift und kollektiv neu überformt. Deshalb ist die so häufig gebrauchte Formel »Wir sind ja betrogen worden«, die viele politische Beobachter nach dem Krieg zur Verzweiflung brachte, nicht nur eine ritualisierte Selbstentlastung der Deutschen nach 1945. Sie entspricht bei vielen Menschen dem Gefühl von Kindern, die entdecken, daß sie psychisch mißbraucht worden sind, trotz ihrer Begeisterung.

Nun kann ich die beiden Gedankenstränge zusammenfassen: Ulla Berkéwicz begibt sich mit ihrer – sich selbst als Autorin verbergenden – Kollagentechnik in diese Zone der Vermischung von Kinder- und Jugendgefühlen mit der NS-verordneten Staats- und Partei-Kitschproduktion und falschen Sinnstiftung, zu der der dreiste Rückgriff auf bildungsbürgerliche Traditionen und die Wucht der Propaganda gehören. Diese Traditionen wurden amalgamiert und damit die Illusion einer Kontinuität des geistig Lebenswichtigen geschaffen. Die schnell-lesenden Kritiker von heute geraten aber unvorbereitet in dieses Brackwasser, haben gar nicht Zeit, darin schwimmen und sich orientieren zu lernen, sondern schreiben aus einem Schock der Verwirrung heraus. Um ihn abzuwehren, geben sie ihn mit ihren Anschuldigungen an die Autorin zurück und schrecken vor keiner Verdächtigung zurück.

Wer jedoch vorgibt, gegen die Sprache des Kitsches vollkommen immun zu sein, ist ein Angeber. Es mag sein, daß er zu seiner Kinder- und Jugendlichenseele keinen Zugang mehr hat oder ihn nicht spüren will; es mag sein, daß er instinktiv diese Sprachwelt seiner Eltern, Verwandten, Großeltern usw. erschreckt zurückstößt, ja schon auf Zeichen innerer Bewegung oder affektiver Erinnerung schreckhaft und konvulsivisch reagiert. Aber der Kitsch, der unsere Eltern und Großeltern berauschte, auch weil sie im christlichen und autoritären Abendland politisch immer als Kinder gehalten wurden, vergeht nicht durch intellektuelle Schreckreaktionen und literaturkritisches Geistervertreiben, sondern er will in seiner Wirksamkeit verstanden werden.

Zwei ausländische Stimmen zu dem Roman

Ich habe es schon angedeutet, und einige Rezensenten haben es ebenfalls hervorgehoben: Das Ausland reagierte auf den Roman weniger hysterisch als die Deutschen, wobei man eine Parallele sehen kann zwischen politischer und erotischer Hysterie: Der Hysteriker reagiert auf die inhaltliche (sexuelle bzw. politische) Andeutung von etwas, nicht auf dessen Kontext. Deshalb ist den politischen Hysterikern unter den Rezensenten keine ironische Brechung, kein Spiel mit den Sprachschichten, kein Funke von Distanz aufgefallen. Alle erlebten die Hexe im Zustand eindimensionaler Verfallenheit an ihr Gewerbe: die Verführung durch Zaubertrank und Rausch der Sprache, selbst berauscht und andere ins gleiche Verderben lockend.

Also zu den gelassenen Schweizer Stimmen: 1. In den »Luzerner Nachrichten« (17.3.92) schreibt Urs Bugmann:

»Es ist Reinholds Geschichte, konsequent aus der Innenperspektive erzählt. Selbst die ersten Szenen, die Reinhold am Rande des bewußten Erinnerns erfährt, werden aus seiner Perspektive wiedergegeben. Streng rhythmisiert ist hier die Sprache, was die Szenen an Inhalt geben, teilt sich nur verschwommen mit in der Form. Schlagworte, Satzfetzen bleiben hängen: ›Ein deutscher Junge weint nicht!‹ Der Takt der Sätze gibt dem unscharfen Bild seinen Halt, es prägt sich ein.

Ulla Berkéwicz erzählt in der dritten Person von Reinhold. Aber das ist kein allwissender Erzählgestus, das ist ein Einholen der Binnensicht, das erkennbar macht, daß Einfühlung, nicht Erleben zu der Geschichte führte. Die Tagebucheintragungen führen die Sicht von innen in die erste Person über. Sie heben die Distanz zum Protagonisten des Buchs ganz auf, verbergen aber nicht, daß es diese Distanz gibt...

Reinhold, mit ihm die Autorin, taucht ein ins Wortgeraune des Nationalsozialismus, in die Thule-Mystik, in jenes Reich der schwarzen Engel. Was an Dunklem im Schreiben zur Gestalt gezwungen wird, soll überwunden werden. Deshalb wird es benannt, selbst wenn es in die Bereiche des Schwarzmagischen, des Esoterischen hineinführt.« Und:

»Es ist mittlerweile an der Generation der Nachgeborenen, für Bewußtheit und Erkenntnis zu sorgen. Ulla Berkéwicz' Buch ist keine Dokumentation. Es ist ein Roman, der es aber gerade mit den eigenen künstlerischen Mitteln, der Fiktion, der einfühlenden Nachschaffung, erreicht, daß das Raunende zu klarer Gestalt gerinnt. Schuld wird nicht zugewiesen, sondern erkennbar gemacht. Dieser Roman, der sich weit vorwagt in die Sprache, die Bilder des Schreckens, macht, indem er sie benennt, gegen die Verführung durch das Böse resistent.«

Die deutsche Reaktion auf den Roman kommt mir vor wie der Streit um die Fleckfieberbekämpfung: Was den einen ein Impfstoff ist, erscheint den anderen, weil es passagere Symptome bereitet, wie die Krankheit selbst.

2. Elisabeth Binder resümiert in der »Neuen Zürcher Zeitung« (10.4.92):

»Das Buch ist ein neuer Beweis dafür, daß ein engagiertes, für den gesellschaftlichen Bewußtseinsprozeß relevantes Thema die Sprachkunst nicht ausschließt, unter Umständen sogar erst provoziert. Kein Zweifel: Ulla Berkéwicz ist an diesem großangelegten Roman zu einer bedeutenden Gestalterin geworden.« Was anderen unmöglich, ja sogar verboten erscheint: als Nachgeborene über den nicht selbst erlebten Schrecken zu schreiben, sieht die Rezensentin so:

»Als ›Nachgeborene‹ und aus mittlerweile ziemlicher Distanz greift Ulla Berkéwicz diesen Erinnerungsauftrag erneut auf, evoziert in einem literarischen Kraftakt, was sie nie erlebt hat. Daß dies mitunter auch problematisch wird, überrascht weniger, als daß es der Autorin gelingt, aus dem Bekannten ein fesselndes und bewegendes Stück Literatur zu machen: Entwicklungsroman und Epochenspiegel zugleich.« Die Schlußfrage: »Wie konnte das alles geschehen?« greift auch die Rezensentin auf:

»Ulla Berkéwicz antwortet darauf weniger reflektierend als einfühlend, antwortet, indem sie gestaltet und an exemplarischen

Figuren und Episoden aufzeigt: auf welchem Boden der Keim der nationalsozialistischen Ideologie wachsen konnte und wie aus Gerüchten, Unverständnis, Angst und perfider staatlich gelenkter Diffamierung das trübe irrationale Gebräu entstand, aus dem Judenverachtung, Kommunistenhaß und andere Ressentiments sich nährten... Ein großer Stoff, ein ambitiöses literarisches Unterfangen. Aber Ulla Berkéwicz hat das sprachliche Zeug dazu. Hat die große inszenatorische Gebärde, die nötig ist, um Geschichte und Zeitstimmung zu evozieren, ebenso wie die Aufmerksamkeit, die es braucht, um hineinzuhören in die Herzen der Menschen. Hat eine Sprache, hart genug, die Schrecken zu benennen, expressiv genug, um die Träume und Alpträume Gestalt werden zu lassen.« Elisabeth Binder ist dabei nicht unkritisch, benennt die Stellen, wo das Buch ins »Pathetische abhebt«, wo die »sprachliche Formkraft auch kapituliert... vor dem Andrang des Stoffs«:

»Und es hat Ulla Berkéwiczs großer erster Roman durchaus seine weniger überzeugenden Seiten. Das ändert nichts an der Tatsache, daß die Autorin in diesem Buch Grenzen des Herkömmlichen sprengt, mit einer neuen Art des Sagens neue, durch Konventionen ungeschützte Möglichkeiten des Nacherlebens, des Verstehens, des kritischen Diskurses eröffnet. Und man meint, dies sei noch allemal das Merkmal echter Literatur gewesen.«

Soll man sagen: Hier habe die Schutzimpfung vielleicht phasengerecht stattgefunden und erlaube daher Reisen mit offenem Auge und offener Seele auch in stickige oder gar heiße Landschaften, ohne sofortige Nachbräunung der Haut oder abwehrende Schüttelfröste?

Ein idealer Text für den Unterricht

Bei der Diskussion mit Deutschlehrern der Oberstufe, die den Roman lasen, stieß ich einerseits auf »Faszination«: Sie entdeckten Passagen in dem Text, die ihnen bisher unbekannte Dimensionen der NS-Sprachwelt erschlossen, aber auch inhaltliche Seelenlandschaften, die ihnen als Nachgeborenen, als 68ern und als Nach-68ern fremd geblieben waren. Andererseits sah ich auch Ängste: Wie könnte man die Lektüre dieses Romans pädagogisch begleiten? Mir wurde deutlich, wie sehr engagierte Lehrer sofort in Kategorien der Vermittlung oder Vermittelbarkeit denken: eine *déformation professionelle*, die gleichzeitig so sympathisch ist, wie sie ärgerlich machen kann.

Das Ergebnis solcher Gespräche war dies: Der einzelne Lehrer sei in der Regel überfordert, bei der Vielzahl der aufgerissenen (interdisziplinären) Dimensionen auch nur die wichtigsten Themen aus eigener Kraft so aufzubereiten und mit Hintergrundinformationen zu kommentieren, daß literarische und historische Erkenntnisse daraus resultierten. Aber gegen die pädagogische Resignation – auch angesichts der möglichen Anfälligkeit bzw. zunächst unkritischen Distanzlosigkeit vieler Schüler – helfe es, ein »pädagogisches Projekt« anzusetzen, an dem mehrere Fachlehrer beteiligt sein sollten. Auf diese Weise lasse sich auch ein Haupteinwand der Kritiker, daß die Autorin nämlich nicht den »gesamten modernen Forschungsstand« bewältigt habe oder abseitige Sondertheorien des Nationalsozialismus verbreite, in kreativer Weise aufnehmen. Denn so sehr die Kollektivreaktion der Kritik zeige, wie unvorbereitet ein kollagiertes Sprachkunstwerk mit »spätexpressionistischer« und symbolischer Verdichtung der Sprache viele Nach-68er trifft, so sehr sei auch der einzelne Lehrer verunsichert, bis er nicht nur die Seelenarbeit der Rezeption, sondern auch die historische Ortung des Romans geleistet habe.

Dies führt zu folgendem herausforderndem Problem: Unter den an den Unterrichtsprojekten beteiligten Lehrern entstünden fruchtbare Diskussionen, wahrscheinlich sogar gruppendynamische Prozesse, die ihre konfrontative Wucht aus den unterschiedlichen Einstellungen, den politischen Standorten wie der unterschiedlichen Bereitschaft zur Identifikation und aus dem jeweiligen Stand der »Bewältigung« des NS-Themas bezögen. Diese Unterrichtsvorbereitung schließt fast zwangsläufig die Beschäftigung mit der eigenen Familiengeschichte ein. Hierzu gibt es seit wenigen Jahren auch zunehmend Material, Bücher, die ausdrücklich die Macht, ja die Gewalt des Schweigens in den deutschen Familien nach 1945 zum Thema haben, so zuletzt: Dan Bar-On, »Die Last des Schweigens«, 1993.

Es ist nicht schwer vorauszusehen, daß etliche Gruppen oder Kollegien nicht nur wissenschaftliche, sondern auch psychologische Supervision in Anspruch nehmen werden. Das könnte zu einer fruchtbaren Rückkoppelung mit der von manchen Kritikern vermißten Forschung führen, ebenso wie zu einem psychologisch vertieften Nachdenken über die seelischen Dimensionen der Verstrickungen in der NS-Zeit. Eine solche »Supervision« käme auch neueren Bestrebungen entgegen, die Lehrer pädagogisch nicht mehr in dem bisherigen Maß mit dem Stoff gerade in schwierigen Klassen alleine zu lassen. Nicht zuletzt aber wären solche Projekte auch hilfreich, der Schule, wenigstens in der Oberstufe, etwas von einer pädagogischen Potenz zurückzugeben, die sie angesichts der neunationalen wie der rechtsradikalen Bedrohung durchaus bräuchte.

Es würde sich nämlich auch zeigen, daß es noch kaum didaktische bzw. intellektuelle oder affektive Lösungen für das Problem gibt, wie ein Volk mit der bloßen »Sedimentierung« seiner Geschichte umgehen kann. Damit ist gemeint: Da es nach 1945 (wie auch nach der Wende in der DDR) kaum innerfamiliäre und öffentliche generationenübergreifende Gespräche über die Verstrickungen gab, sondern die Geschichte sich darstellt als von Extrembrüchen und teilweise von verordneten »Abschneidungen« bestimmt, haben wir es, wie bei den Gefühlen, die zum Kitsch führen, mit außerordentlich starken Diskontinuitäten zu tun. Nun ergibt sich historische Diskontinuität bei derartigen politischen Katastrophen diesen Ausmaßes notwendigerweise und ist überlebenswichtig. Aber es ist entscheidend, ob damit auch der innerpsychische sowie der innerfamiliäre und der Kontakt zwischen den Generationen einfach abreißt und durch Verdrängung wie durch »Entwirklichung« kontinuierlich unmöglich gemacht wird. Dies ist im allgemeinen nach dem Krieg weitgehend der Fall gewesen und läuft ähnlich seit 1989 ab. Die psychischen Zustände der einen Epoche werden einfach »überlagert« durch die der nachfolgenden, sie werden dadurch »eingekapselt« oder überdeckt, ohne integriert oder überarbeitet worden zu sein. Die Seele scheint zu Mechanismen fähig, die denen im Körper analog sind, der Krankheitsherde so in isolierende Gewebsschichten einzukapseln vermag, daß die Entzündungsprozesse gestoppt oder eingegrenzt werden. Die Konflikte, das unbrauchbar oder gefährlich werdende Erinnerungsmaterial, werden überdeckt oder umschlossen, so daß es ohne starke Reizung nicht mehr zugänglich ist. Deshalb gehört zur »Entwirklichung« des Nationalsozialismus auch die über lange Jahre gehende Tilgung von mahnenden Erinnerungsspuren (A. Mitscherlich).

Darum trifft es heute viele Leute um 45 und älter ja so sehr, wenn sie unter dem Druck der Bilder des Rechtsradikalismus zum ersten Mal unerwartet in Gespräche mit ihrer Elterngeneration geraten: Dabei kommen dann oft die total unbearbeiteten Fragmente von NS-Ideologie und von Ordnungs- oder Sinn-Nostalgie als Versatzstücke zum Vorschein, die unter einer demokratischen Vorzeigegesinnung wie in den Depots eines psychischen Museums überdauert haben. Ulla Berkéwicz' Roman durchbricht diese Entwirklichungsgeschichten im Bereich der Sprache wie der affektiven Erinnerungen mit solcher Wucht, daß heftige intellektuelle Schreckreaktionen die Folge sind. (Vgl. hierzu auch T. Moser, »Politik und seelischer Untergrund«.)

Gerade die Panikreaktionen der Kritiker machen es notwendig, der Angst vor der »Anfälligkeit« der Deutschen, vor allem aber eines Teils der Jugend, aufrichtig zu begegnen. Wenn man schon die gebildete Autorin – die die historische Katastrophe, die Verfolgung und den Tod von Familienangehörigen und die starren Nazi-Haltungen verstehen möchte – des »Absaufens« verdächtigt, dann muß man erst recht die Befürchtung haben – wie ein Teil der Verhütungspädagogen unter den Kritikern es formuliert, die den Roman am liebsten indizieren würden –, daß die offizielle (und statistisch trotz allem wohl fundierte) These von der Immunität der Deutschen eigentlich überprüft werden müßte. Das Entsetzen über die rechtsradikalen Ausschreitungen darf aber diese Angst nicht so mächtig werden lassen, daß man große Literatur den Lesern nicht mehr zumutet oder daß man sie prophylaktisch vergiftet oder vergällt, bloß weil keine Gebrauchsanweisung für die rechte Art des Verstehens mitgeliefert wurde.

Manche Rezensionen wären hervorragend geeignet als Anreiz zu einer vertieften und interdisziplinären Diskussion eines solchen Romans und würden den Schülern gleichzeitig zu erkennen helfen, in welchem Ausmaß öffentliche Diskussionen immer wieder von fixen Ideen, Trends, Denkschulen, Denkverboten und affektiven Verzerrungen geprägt sind. Es wäre auch einleuchtend zu vermitteln, daß die These, wir seien nun wieder eine »normale« Nation mit ausgeglichenem seelischem Haushalt und einer »normalen«, den 80 Millionen Einwohnern und der Mittellage entsprechenden Machtpolitik, ein gefährlicher Wunschtraum ist. Damit rede ich nicht der ewigen Selbstreflexion und brütenden Versenkung in die eigene Geschichte das Wort. Im Gegenteil: Je differenzierter die pädagogische (und literaturkritische) Auseinandersetzung mit solchen Texten ist, desto geringer scheint mir die Gefahr, zu mystifizieren und ewig einen mehr auf germanisierender »Ahnung« denn auf Wissen beruhenden deutschen Sonderweg zu vertreten.

4. Exkurs: Eine Momentaufnahme der allgemeinen Literaturkritik

Das Studium von knapp hundert Rezensionen des Romans von Ulla Berkéwicz vermittelt den Eindruck eines merkwürdigen, zum Teil erschreckenden Konzerts eines aus vielen, scheinbar dissonanten und höchst unterschiedlichen Instrumenten bestehenden Orchesters. Vertieft man sich in die Partitur, so finden sich, neben einer Reihe von gelassenen und eigenwilligen Solostimmen, immer wieder Tutti-Passagen mit zeitversetzten Echoeffekten, die aber doch von einem einzigen Komponisten zu stammen scheinen. Da dies jedoch – sieht man vom »Anstekkungs«-Effekt in Tonart und Tempo ab – unwahrscheinlich ist, muß der Roman auf eine latente Zeitströmung gestoßen sein, die vorher in diesem Umfang gar nicht sicht- oder hörbar war: Angst vor und Wut über eine hochsymbolische Verdichtung der geistigen Atmosphäre der NS-Zeit, die gar nicht rezipierbar ist, ohne daß man sich der Erinnerung (sei es der kollektiven, sei es der Familienerinnerung) stellt, wenn es schon für viele Kritiker keine persönlichen Erinnerungen mehr gibt. Nun könnte man verunsichert meinen, dieses Unisono müsse einen wahren Urteilskern enthalten, das Mißlungene und Verderbliche des Romans rufe also zu recht so viele gleichlautende besorgte oder verächtliche Urteile hervor. Da die Gegenstimmen wie das eigene Urteil sich aber als solide und in vielen Gesprächen als begründbar erweisen, muß es sich doch um einen »Fall« kollektiver Verstörung halten, gegen den Sicherungen und reflektierte Auffangpositionen in erstaunlicher Weise versagt haben.

Worauf der Roman gestoßen ist, das ist ein intellektuelles Stimmungsklima, das ich mit einer geistigen Breitband-Allergie verglichen habe. Daß in den kleineren Zeitungen viel von den Meinungsführern abgeschrieben wird, ist verständlich. Vorsichtiger ausgedrückt: Man ahnt viele »Anleihen« bei oder stimmungsmäßige Identifizierungen mit den bedenkenlosen Hämikern wie Peter Stolle. Nichts ist verführerischer, als sich mit einem dreinschlagenden Überich identifizieren zu dürfen, das es ermöglicht, Unbehagen und mangelnde Orientierung im Angriff auszuleben. Insofern kommt, wie früher angedeutet, etwas von stimmungshafter und unkenntlich gewordener NS-Gesinnung zum Ausdruck, die es nicht mehr für nötig hält, den dingfest gemachten »Gegner« überhaupt noch gerecht zu würdigen.

Das aufklärerische Potential von drei Pfund Berkéwicz-Rezensionen ist erschreckend dürftig. Es überwiegen affektive Angriffe und pointensuchende Häme, zitatenfälschende oder mißbrauchende Vereinfachungen, falsche Zuschreibungen, Verwechslungen der Sinn-Ebene, ein naives Reagieren auf Sprachfragmente, die sicher weder ausschließlich Zitate sind noch reine poetische »Erfindungen«. Stellt man sich vor, daß viele Leser Kenntnis von dem Roman nur über die Ein- bis Drei-Blatt-Rezensionen ihrer Heimatzeitung erhalten, dann erscheint diese Form der intellektuellen Reaktion und öffentlichen Verarbeitung dysfunktional und gegenaufklärerisch. Sie fördert Vorurteile und eine Haltung des Abtuns, bevor der Gegenstand wirklich angemessen geprüft worden ist.

Manchmal möchte man wünschen, kleinere Zeitungen, die ihrem Rezensenten nicht ausreichend Platz gewähren können, sparten lieber den Platz für gelegentliche größere und durchdachte Rezensionen, als daß sie, vom allgemeinen Reaktionsdruck geleitet, auch ihren Kritikern Schnellschüsse abverlangten, die nicht ausreichend bezahlt werden, also aus rein ökonomischen Gründen eine ausreichende Einarbeitung unmöglich machen.

Manche Radio-Rezensionen sind gelassener verfaßt. Dazu trägt vielleicht auch bei, daß die Technik des Zitats hier etwas disziplinierter genutzt wird, weil die Einführung unterschiedlicher Sprecher es verbietet, sich mit zu kurzen, oft demagogisch aus dem Zusammenhang gerissenen Sätzen zu begnügen. Wer aber eine ganze Druckseite auswählt und als Exempel benutzt, kann der Lust an der Diffamierung schon nicht mehr so ungehindert nachgehen und müßte lange suchen, um Passagen zu finden, an denen er das Scheitern der Autorin im Schnellverfahren nachweisen könnte. Wenn gar die Stimme der lesenden Autorin direkt verwendet wird, ist es noch schwerer, sie selbst der trunkenen Vernebelung zu zeihen.

Noch einmal zurück zu einem Momentbild der Literaturkritik: Immerhin darf man ja annehmen, daß die wirklich an Literatur Interessierten über ihre Heimatzeitung hinaus noch andere Quellen der Information nutzen, in denen wenigstens in mehreren zusammenhängenden Sätzen ein Urteil gedanklich vertieft werden kann. Ambivalenz als ein zentrales Merkmal menschlichen Denkens und Fühlens braucht, um sichtbar und nachvollziehbar zu werden, geistigen und affektiven Raum. Viele Rezensionen sind oft so kurz (auch angesichts der Notwendigkeit, erst einmal reine Inhaltsinformation zu liefern), daß ein differenzierter gedanklicher und seelischer Nachhall den Rahmen sprengen müßte. Einen Teil der Vereinfachungen halte ich also dem knappen Raum und damit auch den knappen Honorierungen zugute.

Dies führt zu den »Rahmenbedingungen« von Literaturkritik, die andere sicher kompetenter diskutieren können. Aber immerhin schreibe ich seit drei Jahrzehnten Rezensionen und habe mein zweites Studium zum großen Teil mit Rezensieren finanziert. Ich habe dies jedoch eher von der nicht hungerleidenden Seite kennengelernt, das heißt, bei den wichtigen Büchern mir meistens ausreichend Platz aushandeln können, bei Zeitungen, die das Rezensieren für eine ernste Arbeit halten und auch angemessen bezahlen.

Ich kenne den moralisierenden Verriß, der sich einem als soziale Tat darstellen will, aus eigener Praxis. Ich kenne auch die Wunden, die hämische oder pointenverliebte Rezensionen meiner eigenen Bücher mir geschlagen haben. Aber einem solchen gesamtdeutschen Feldzug mit literarischem Ausrottungs- oder intellektuellem Säuberungscharakter war ich nie ausgesetzt, und ich weiß auch nicht, wie man ihn übersteht.

Ärgerlich bleiben das unreflektiert Stimmungshafte der Rezeption sowie das Fehlen differenzierter Kategorien für die Beurteilung des Schichtenaufbaus des sprachlichen Kunstwerks, der fast an Abbildungen aus der Geologie denken läßt. In vielen

Rezensionen spürt man nicht einmal das Bemühen, sich neue Gedanken oder eine neue Sensibilität für hochkommende verdichtete Fragmente von »NS-Seele« zu erschließen. Im Namen imaginärer Maßstäbe, die doch irgendwie als bekannt vorausgesetzt sind, wird Scheitern diagnostiziert, aber kaum begründet. Das Wort »Kitsch« wird wie eine Waffe benutzt, ohne Nachdenken darüber, welche Reaktion ein solches Urteil beim Leser auslöst und was die politische Funktion des Kitsches war.

Gerade die Bedenkenlosigkeit, mit der der Roman als Kitsch abgetan wird, spricht dafür, daß der Begriff als Abwehr sich meldender Kinder- oder Jugendlichengefühle gebraucht wird. Das Bewußtsein von der Problematik des Schreibens über die NS-Zeit ist unterentwickelt, man denke nur an die Schwierigkeiten einer passageren Identifizierung mit verstrickten Helden, und zwar für den Autor wie für den Leser. Und dieses Buch ist ohne solche passageren Identifizierungen nicht zu lesen und war ohne sie auch nicht zu schreiben. Soll man sich diesen Helden prinzipiell vom Hals halten, wie die Kritik es nahelegt, nur weil man verdächtigt werden könnte, man wolle die Wiederauferstehung des Grauens heimlich ins Werk setzen oder sei zu dumm, die Gefahr der Faszination zu spüren?

Es ist keine Lösung, ständig unsere Eltern und Großeltern zu verdächtigen, kollektiv dumm, verführbar, kriminell oder permanent geistig rauschgiftsüchtig gewesen zu sein, also in jedem Fall weit unter unserem psychischen Niveau gelebt zu haben – oder eine Autorin, die sich auf die Verblendungen vieler Menschen von damals einläßt, selbst für verdreht zu halten. Aber wenn man sich identifiziert, muß man zulassen, daß die schiefe Ebene und die glitschige psychische Strecke dort mit angemessenen Mitteln nachgezeichnet werden. Die ewige plakative Verdammerei führt nicht zur Erkenntnis, sondern bei denen, die uns noch berichten könnten, nur dazu, daß sie schweigen oder sich verhärten und endgültig verschließen.

Es fehlt zudem meist das Problembewußtsein dafür, wie sich die Abkehr von der Verblendung gestalten ließe bzw. welchen psychologischen Gesetzen sie plausiblerweise folgen könnte. Sind Begriffe wie Einsicht und Wandlung, Reifung, Bildung und

Entwicklung hier überhaupt von Nutzen, wo es um Verstrikkung, Scham, Erschrecken geht? Um Verstummen, Grauen, Diskontinuität, Reedukation, archaische Strafen oder rasche Anpassung ans Überleben – wozu auch ein partieller Selbstverlust gehört? Ein Rezensent, der im ganzen eher entwertend urteilt, prägt den Begriff »Einsicht durch Entsetzen« für die Wandlung des Helden.

All diese Fragen führen zur Tradition des »Bildungsromans«. Der Begriff wird gelegentlich gebraucht, aber die Frage wäre zu stellen gewesen, ob diese »Gattung« überhaupt brauchbar ist für Entwicklungen, deren Motive und Verläufe im Innern zwischen übersteigerter Selbsthingabe und verstörtem Entsetzen pendeln und im Äußeren in überflutenden Ereignissen und Gewalten zu finden sind, bei deren Benennung der Rückgriff auf Mythisches möglicherweise zur seelischen Selbsterhaltung gehört, weil er die Gefahr des Zerbrechens eine Weile bannt.

Hinweise auf den »Bildungsroman« in den Rezensionen

Eine der unausgesprochenen Leitfragen des Romans scheint zu lauten: Gibt es seelisch nachvollziehbare Biographien, die bei einem Menschen innere Kohärenz aufscheinen lassen, obwohl er – subjektiv gefühls- und verstandesklar – durch verdichtete Epochen von geistiger und politischer Verwirrung taumelt, die ihn ansaugen und ausspeien, als sei er ihr »Stoff«? Was wird aus der Illusion einer Biographie, in der der Held zunächst sich im ideologischen Rausch seiner Identität und seiner Reaktionen auf eine totalitäre Umwelt mächtig fühlt, ja sie erlebend und gestaltend zu tragen scheint, während er in Wirklichkeit in einem Strudel lebt und die ordnungsstiftenden Bilder eben »Kitsch« und falsches Bewußtsein sind – was wir aber in der Regel erst im nachhinein wissen? Jede Form der Darstellung seelischer Kontinuität schließt Optionen ein, was das Verhältnis der wirksamen Kräfte im Inneren des Helden wie in den äußeren Ereignissen betrifft, also Optionen über Grade der Freiheit und Unfreiheit. An Reinhold Fischer fasziniert dieses Dilemma, weil er zwischen Selbstaufblähung, Fremdaufblähung, Erhöhung und Erniedrigung taumelt und gleichzeitig durch sein Lebensziel, Schriftsteller zu sein, den Anspruch aufrechterhält, verstehend oder zumindest Zeugnis ablegend durch die Ereignisse zu gehen.

Wo Selbstentfremdung und Enteignung durch geistige und politische Gewalt ein Ich derart bedrohen, wird der Rückgriff auf Kitsch und Rausch in der Regression plausibler, weil beides die frühe Fragmentierung verhindert oder zumindest verzögert. Das unerhört Neue an Ulla Berkéwicz' Roman ist ja die Tatsache, daß einer nicht von vornherein Außenseiter ist und mit dem Blick der Distanz oder des Leidens auf die politische Gewalten sieht, sondern ein pubertierend intellektueller Exponent ist, der sich von ihnen Selbstwerdung verspricht. Er wird also als Held eintauchen müssen in die geistigen Fluten und Floskeln der Zeit, die uns heute gar nicht mehr als »Geist« und seelischer und intellektueller Lebensstoff erscheinen wollen, sondern von vornherein als Seelenmüll – wobei es sich doch um ein mühsam errungenes Urteil aus späterer Sicht handelt. Unser Durchblick aus der Rückschau hat sich aus sehr divergenten Einflüssen gebildet, zu denen nicht nur Selbstgedachtes und Selbstgefühltes zählen, sondern eben auch kollektive Turbulenzen, Erschrecken, Schweigen, verordnete Verdammung, 68er Anklage, kompensatorische Bravheit und organisierter und trotzdem beklagter Erinnerungsverlust. Er wurde teilweise sogar erst erzeugt durch ein selektives pädagogisches Überdüngen und Überwältigen mit Hilfe von ritualisierter Erinnerung. Erzwungene Erinnerung, volkspädagogische Erinnerung, Sonntagsredenerinnerung, Beschwörungserinnerung, Beschämungserinnerung, Verklärungserinnerung, Mahnungserinnerung, Judenerinnerung, Wiedergutmachungserinnerung, Offizierserinnerung, Landsererinnerung, Generalstabserinnerung, Heimaterinnerung, Überlebenserinnerung, Betäubungserinnerung, anklagende Erinnerung, rechtfertigende Erinnerung, usw.

Sind überhaupt Beginn und Kontinuität eines begeisterten Lebens denkbar bei einem Helden, dessen Schicksal – vom Zusammenbruch und der späteren historischen Aufklärung her gesehen – ohnehin keine moralische Ganzheit und Würde erreichen kann, es sei denn als Märtyrer oder Widerstandskämpfer. Liest man etwa Günther de Bruyns Autobiographie »Zwischenbilanz« parallel, der freilich einige Jahre jünger ist als die Romanfigur Reinhold Fischer, so wird rasch klar, daß sich der Erzähler bei de Bruyn schon früh als Bedrohter, Gezwungener, Schikanierter, höchstens gedankenlos Mitmachender erlebt. Er braucht also Irrtum und Verstrickung weder vorzuführen noch zu gestehen noch rückgängig zu machen. Er beschreibt das Überleben, nicht Verblendung und Erwachen durch Schrecken. Das ist »ideologisch« leichter zu rezipieren – und so geschah es denn ja auch. Dieser Held ist nicht zu verdächtigen – der Held bei Ulla B. jedoch ist zu verdächtigen, zu überführen, zu verurteilen, mühsam zu orten, wie die Autorin. Doch beide kämpfen erst einmal um die Identifikation des Lesers, ziehen ihn mit ihrer

Sprache ins Rauschhafte und Unappetitliche, heben die Kluft zu den geistigen und den Lebens-Gewohnheiten von uns Nachgeborenen auf. Vielleicht ist es aus heutiger Sicht schon ein Skandal, einem glühenden jungen Nazi von damals eine seelische Biographie zu geben, in deren Verlauf er, als gereifter Mensch, unser Zeitgenosse sein könnte. In welcher Gestalt liefe er heute herum? Was hätte er getan und gedacht in den letzten Jahrzehnten? Ist vorstellbar, daß wir ihn durch einen zweiten oder dritten Band begleiten würden, bis er unter uns Heutigen stürbe und in rückblickenden Reden gewürdigt werden müßte? Wie bliebe er in Verbindung zu seinen frühen seelischen Schichten? Den Sedimenten aus den Überschwemmungen der politischen Umbrüche? Reinhold Fischer irritiert auch durch eben dies: Er könnte unter uns weilen, hätte den Taumel mitgemacht und könnte sich trotzdem moralisch sehen lassen. Er wäre uns nicht durch Hinrichtung entzogen, also verklärt, aber tot und vergangen. Er wäre einer der wenigen, von denen wir seelisch wüßten, *wie* sie zu »Heutigen« geworden sind, während wir es von unseren Eltern in der Regel nicht gewußt haben, weil ihr Damals so sehr im Dunkeln blieb.

Der Held bei Ulla Berkéwicz, soweit es sich um den Helden eines Bildungsromans handelt, verheißt also eine Kontinuität im Erleben, die es in der Regel so gar nicht gibt. Wir kennen, wenn es sich um Nazi-Verstrickte handelt, global gesagt, meist nur Biographien mit Ausblendungen, Brüchen, Verschiebungen, Verschweigen, aber nicht das Bekenntnis, von dem wir uns wahrscheinlich sofort mit Ekel abwenden würden: So war es, und so war ich. Weil eine solche Biographie wie die Fischers zu Fragen nach Einfühlung, Verstehen, Identifizierung, ja, sagen wir es einmal mit einem Kollektivbegriff, nach seelischer und geistiger Wiedereingliederung führt, ist sie so irritierend, unvertraut, sprengt alle Konventionen und löst so heftige Abwehrreaktionen aus. Denn jemanden, dem wir in einem »Bildungsroman« begegnen und den wir begleiten, den können wir nicht mehr einfach verdammen oder als Fremdkörper ausgrenzen, wenn er glaubhaft darstellen kann: »Ich lebte und lebe euren kollektiven Untergrund und mache ihn sichtbar.«

Wenn viele Kritiker dem Helden gerade jede Entwicklung (wider alle Evidenz) absprechen, so kämpfen sie, meine ich, gegen diese biographische Kontinuität, die bis zu uns herüberreichen könnte. Denn unser gemeinsames Selbstverständnis als intellektuelle Individuen ist heute auf absolute Diskontinuität gerichtet, die durch Verdammungsrituale und Ekelschranken gesichert wird, obwohl wir wissen, wieviel Kontinuität es nach 1945 gegeben hat. Aber es waren immer die *anderen*, die Juristen, Polizisten, Militärs, Forscher, Verwalter, Industrielle, Bürokraten usw., die die falsche Kontinuität hatten. Ihre Vergangenheit kannte man, verschwieg sie aber oder brachte sie der Adenauerschen Wiedereingliederungspolitik schweigend dar. Und dadurch nahmen sie teil an der öffentlichen Konstruktion und Fiktion der Diskontinuität.

Ich habe ein wenig ausgeholt, bevor ich Rezensionen zitiere, die mit dem Begriff des »Bildungsromans« operieren, ohne ihn auf die gewaltigen Brüche, Verbrechen und Verwerfungen des 20. Jahrhunderts hin überhaupt zu reflektieren und seine Brisanz zu diskutieren. Diese kommt dadurch zustande, daß ein moralisches Subjekt, das aus dem Land des Unsagbaren kommt, das Prinzip Diskontinuität, Erstarrung und Verschweigen durchbricht mit der Stimme, die ihm eine Autorin gibt, die dadurch zur Hexe wird.

Stefan Neuhaus findet hier, wie bereits zitiert, eine »wundervolle, einfühlsame, mächtige menschliche Sprache«, aber was nutzt sie dem Helden wie der Autorin, wenn folgender Befund konstatiert wird:

»Eine weitere Interpretationsmöglichkeit wäre: Die Zeit 1933–1945 dient nur als Folie, vor der das Einzelschicksal Reinholds gezeigt werden soll, das Schicksal eines unbeirrt menschlichen Ideals, das keiner Fliege etwas zuleide tun kann und während seiner Erlebnisse lernt, was für Schrecklichkeiten es doch in der Welt gibt. Aber Reinhold lernt nicht, jedenfalls verändert er sich nicht, bleibt stets der gleiche, nette Kerl von nebenan.« Wo bleibt also die »Einsicht durch Schrecken«, die andere Rezensenten wenigstens bemerkt haben? Warum desertiert einer, den es vor lauter Begeisterung ungeduldig an die Front gezogen hat?

Ein Bildungsroman also mit einem Holzkopf, dem Entwicklung fremd ist? Haben wir vielleicht unterschiedliche Bücher gelesen, ich eines mit einem Helden, der sich durchquält, den Tod riskiert und über die eigene Verführbarkeit erschrickt? Und andere eines, das vom Gegenteil handelt? Unter der genialen Trendmeldung: »*Jahrzehntelang* haben Schriftstellerinnen in ihren Büchern wichtige Politik, aber schlechte Literatur gemacht. Jetzt besinnen sich die emanzipierten Schreiberinnen aber auch wieder auf das Literarische«, heißt es bei Iris Junker im »Journal Frankfurt« (24.4.92):

»Der Protagonist Reinhold Fischer, ausgestattet mit allem, und damit zu vielen Eigenschaften, kann sich jedoch nur noch schwerfällig unter der ganzen programmatischen Last bewegen. Reinhold Fischer, der einen Menschen darstellt, ist selbst kein Mensch mehr, sondern gestaltgewordene Verführbarkeit, die Allegorie der Verführbarkeit.« Nein, man muß nur 50 Jahre Abstand und oberflächlich immunisierender Aufklärung fahren lassen, und aus der Allegorie wird ein Mensch. Nur wenn man weit weg ist von sich selbst, wird aus dem Jugendlichen ein Abstraktum. Daß die Rezensentin allegorisiert, zeigt gerade, daß die NS-Zeit ein totes Abstraktum geworden ist, fremd wie eine sagenumwobene Urzeit, in der die Helden natürlich aus Pappmaché sein müssen, weil die Einfühlungsverweigerung blendend funktioniert.

Iris Junker gibt auch ganz offen zu, daß der Held in seiner seelischen Machart schlicht irritiert, weil wir Grelleres gewohnt sind und moralisch Eindeutigeres:

»Angesichts der bekannten, monströsen und erschütternden Schicksale jener Zeit fällt es nicht leicht, zu akzeptieren, daß dieser pubertierende, enthusiasmierte und unkritische Knabe im Mittelpunkt der Geschichte stehen soll. Für den Nachkriegsleser, gewöhnt, es entweder mit widerlichen Menschenschlächtern, heroischen Widerstandskämpfern oder unschuldigen Opfern zu tun zu haben, eignet sich die harmlose Gestalt des wohlmeinenden Opportunisten so gar nicht zur Stilisierung. Reinhold erregt weder Abscheu noch Bewunderung, auch kein Mitleid. Seine Unentschlossenheit und Ambivalenz übertragen sich auch auf den Leser und führen zu einer gewissen unbehaglichen Sympathie ihm und einem unangenehmen Argwohn sich selbst gegenüber.« Könnte sich die Autorin, so merkwürdig der Held der Rezensentin vorkommt, ein anerkennenderes Lob wünschen? Ist die Sehnsucht nach Schwarz-Weiß-Bildern je naiver formuliert worden? Hat es nicht den jungen Mann vom Zauberberg gegeben, auf den die Charakteristik ebenso zutreffen könnte? Nur daß der Held bei Ulla B. mehr handelt und nicht nur rezipiert. Iris Junker aber, die ihn für eine »Allegorie« hält, fällt auf den Sprachkonkretismus herein, nach dem Name und Charakter (*Rein-Hold*) natürlich auch etymologisch identisch sein müssen:

»Wie sein Name sagt, ist er rein und hold, ein naives Kind, ein einfacher Mensch, ein willfähriger Deutscher, weder gut noch schlecht, ein netter Junge, der Jungvolkführer und später Soldat wird.« Wenn die Charaktere nicht holzschnittartig gut oder monströs sind, verirren sich manche Kritiker und müssen um jeden Preis verharmlosen. Aber dann ist plötzlich doch wieder Leben im Helden, und er nötigt Iris Junker fast widerwillige Bewunderung ab:

»Zwar ist auch Reinhold Fischer ein mit Primärerlebnissen beschäftigter Mensch – mit der Entdeckung der Liebe, der Schwäche des Vaters, der Männerfreundschaft, eben ein pubertierender Jugendlicher, aber über seine persönliche Entwicklung hinaus muß Berkéwicz' junger Held die ganze Last der politischen Entwicklung tragen. Allein auf seine Schultern hat die Autorin diesen überaus nationalen und überaus mächtigen Stoff gelegt...« Na, sagen wir mal einen Teil! Sie wollte gar kein Totalgemälde, sondern die Biographie eines durchschnittlichen jungen Deutschen, der Schriftsteller werden will. Sie hat sich vielleicht gefragt, wie es ihr, zwei Jahrzehnte älter und männlich, ergangen wäre, fühlend, handelnd, denkend und leidend. Und gegen ihren Willen muß Iris Junker dann doch zugeben:

»Berkéwicz demonstriert schmerzhaft konsequent das symbiotische Verhältnis von privatem und politischem Schicksal, getragen von einem alltäglichen, wenig prominenten Typus der Nazis, Prototyp des ahnungsvoll Ahnungslosen, des schuldig

Unschuldigen, dessen Lebenslauf uns mitteilt, daß einerseits der kleine Nazi auch nur ein Mensch ist und keine Bestie, nämlich sensibel, sympathisch, naiv und vor allem verführbar, der schwärmerisch und Ideale suchend in den Bann des Nazismus geraten ist, ohne selbst Fanatiker zu sein, daß andererseits aber ebendieser Typus Mensch das Dritte Reich möglich gemacht hat, also tatsächlich im Mittelpunkt der Geschichte stand (und steht).« Wo bleibt jetzt die Allegorie, wenn Reinhold so viel erlebt und durchlebt? Das Rätsel könnte so gelöst werden: Die Verwandlung des Menschen in eine Allegorie hat Abwehrgründe, damit das Unbehagen bei der Identifizierung nicht zu groß wird. Man könnte sich ja im Bildungsroman plötzlich selbst wiederfinden, hypothetisch natürlich, weil bisher aller tieferen politischen Prüfungen enthoben:

»Ihre (Ulla B.s) Vorgehensweise ist eine sehr sensible und poetische, bedeutet aber für ihren Helden, daß er sich selbst erzählen muß, ohne die Unterstützung einer allmächtigen Erzählerin als moralischer Institution – die Fakten sprechen ohnehin für sich selbst.« Da haben wir's: Nicht nur der Held ist von der Autorin sich selbst überlassen, sondern der arme Leser, an Schwarz-Weiß-Bilder und pädagogische Gängelei mühsam gewöhnt, droht sich zu verirren ohne moralischen oder erzählerischen Dauerkommentar, der ihm sagt, was er fühlen und denken soll. Allerdings: So verkäme der Bildungsroman zur Moritatensammlung. Oder aber die Erzählerin müßte alle zwei Seiten ein »Merket auf und gebet acht« einfügen, was sich ja einprogrammieren ließe. Ein paar Anleihen bei Brechts epischem Theater und den Schautafeln und Nutzanwendungen hätten vielleicht gutgetan. Die Schlage-Zeile, unter der dies alles abgehandelt wird, heißt: *»Unbeschreiblich weiblich. Die Allegorie der Verführbarkeit«*.

Die gleiche widerwillige Faszination durch den »Bildungsroman« findet sich, nachdem auch er das Entwertungsprogramm absolviert hat, bei dem schon aus anderen Blättern zitierten Gerd Oberembt (»Deutsche Tagespost«, 18.7.92):

»Die Spannung zwischen Mensch und Mythos bestimmt auch das neue Werk. Der Weltanschauung des Faschismus vor allem zugewandt, führt die Autorin das Geschichtsgeschehen nur insoweit vor, als dessen erlebte Augenblicke Anstöße geben für die persönliche Identität. In Reinholds Bildungsprozeß bahnt sich Erkenntnis durch Erschrecken an: Die Prägung durch die braunen Mythen aus romantischem und rückständigem Denken wird aufgebrochen durch die brutalen Fakten, die dem Verunsicherten in der Ermordung mißliebig gewordener Freunde vor Augen treten. Die Einsicht in die Inhumanität der Gewaltherrschaft und die Pervertierung ihrer Gedankenwelt macht den Jugendlichen tatsächlich zum Außenseiter, dessen Stigma den diaristischen Herzensergießungen von Anfang an eingezeichnet war.« Bravo! Mitten aus dem Unisono der Häme heraus so viel widerstrebende Anerkennung! Wo bleibt da die wandlungsunfähige Marionette, die pure Allegorie der Verführbarkeit? Der harmlose Junge von nebenan, der problemlose Mitläufer, das Kitsch-Bübchen? Der Begriff Bildungsroman scheint das Zauberwort, das die verstockten Herzen doch noch öffnet: Unter seiner Ägide dürfen Entwicklung und Außenseitertum, Brüche und Wachstumsschritte durch Entsetzen – statt der angeblichen Verfallenheit an den Dauerrausch – wahrgenommen werden.

Selbst die schon zitierte Susanne Schaber muß in der Wiener »Presse« (14.3.92) einräumen:

»Durch die naive Ästhetisierung der Wirklichkeit, wie sie sein (Reinholds; T.M.) ›schwarzes Buch‹ vornimmt, wird die Hohlheit scheinbar bedeutender Wortkaskaden, die er überall aufschnappt, um so eklatanter. Gerade vom Aufeinandertreffen dieser persönlichen Aufzeichnungen auf die mehr oder minder neutrale Erzählebene lebt der Roman.«

Er wird dabei, statt national-katastrophal, sogar wundertätig: »Irritierend sind an diesem Roman weit weniger die Stationen in Reinholds Entwicklung, als die Methode, wie Berkéwicz die Seifenblase des Nationalsozialismus genüßlich zum Platzen bringt. Gerade die sprachlichen Überredungskünste der NS-Ideologie werden scheinheilig-raffiniert karikiert und ohne bewußt erhobenen Zeigefinger ad absurdum geführt.«

Ich bin verwirrt. Jetzt hatte ich gerade von anderen, besorgten Kritikern erfahren, daß Ulla Berkéwicz die Seifenblase des Nationalsozialismus wieder zur herrschenden Lehre machen will mittels des braunen Saftes, den sie zur Selbstberauschung aus dem Kelch der nordischen Götter trinkt! Sie wollte doch eben noch die alten Legenden, daß der Hitlerismus vom Wotanismus stammt und die NSDAP vielleicht von Luzifer inspiriert wurde, wiederbeleben. Und nun soll sie sogar ironisch sein, inmitten ihrer NS-Trunkenheit? Susanne Schaber behauptet das. Oder denkt die Autorin etwa doppelbödig, ohne es an- und abzukündigen? Hatte nicht Uwe Studtrucker gerade noch festgestellt: »Vermeintlich vorurteilsfrei will der Roman aus dem braunen Dunst, der andernorts auch schon einmal als Faszinosum bezeichnet wurde, berichten. Und unterliegt eben diesem Faszinosum.«

Die Engel sind schwarz und weiß. Manche vielleicht gesprenkelt wie die Perlhühner. Man fängt an, dadaistisch zu denken: Die Rezensenten sind klug und dumm. Heiß und cool. Grün und braun. Allergisch und asthmatisch. Mutig und feig. Selbständig und nachplappernd. Großmäulig und dünnlippig. Gönnerhaft und staunend. Lernbereit und besserwisserisch. Hämisch und hymnisch. Kassandrisch und sibyllinisch. Seriös und verspielt. Wie du und ich, bloß ähnlicher. Postmodern und großmütterlich. Urteilssicher und nebulös. Apodiktisch und weinerlich. Was noch? NS-geschädigt, selbst noch als Kindeskinder.

Claus-Ulrich Bielefeld zitiert im Sender Freies Berlin (22.6.92) den Begriff »Mentalitätsforschung« und sagt:

»Mit dieser pubertären Stammelei eröffnet Reinhold Fischer eine neue Ära in seinem jugendlichen Leben. Nunmehr ist er nämlich vor allem eines: Tagebuchschreiber. Doch fortan geht es leider auch mit dem Roman... dem Ende oder besser: seinem unaufhaltsamen erzählerischen Fiasko entgegen. Und das, obwohl wir dem armen Reinhold erst bis Seite 76 gefolgt sind und noch sage und schreibe 280 Seiten quälender Lektüre vor uns liegen...«

Die Sache mit der Mentalitätsforschung hat der Kritiker irgendwo in einer anderen Rezension aufgeschnappt. Aber er meint nun, Ulla B. habe Stoffpuppen mit angelesenem Zeug behängt und dann an Drähten auf die Bühne geschickt und nenne das auch noch Forschung: »In ihrem Bemühen, das unmittelbar Erlebte abzubilden, verzichtet die Autorin – auch sprachlich – auf jede Distanz. Denn wo alle Figuren zu Untersuchungsobjekten nationalsozialistischer Mentalitätsforschung degradiert werden, denken sie – selbst in ihren krudesten Alltagsgedanken – in den Kategorien des Nationalsozialismus, und sprechen sie – selbst in ihrem alltäglichsten Geschwätz – den Jargon der Herrenrasse. Der Denk- und Sprachapparat aller Personen regrediert so zur Metapher für ein politisches und ideologisches System... Die Sprache des so grundehrlich gemeinten und so völlig mißratenen Romans zeichnet sich letztlich durch eine metaphorische Dauerüberhitzung aus, die die Mythen und Märchen der Nazi-Ideologie bis zu einer kaum mehr erträglichen Schmerzgrenze reproduziert. Die Roman-Figuren reden nicht, sie deklamieren, phantasieren und philosophieren.«

Bielefeld schließt seine Besprechung so ab:

»Als verwilderter Robinson (gemeint ist der Deserteur im winterlichen Rußland! T. M.) trifft er in den verschneiten russischen Wäldern seine erste richtige Liebe. Sie heißt Golda und ist als Jüdin soeben dem Todesgraben entflohen. Die mit jüdischer Mystik und Bibelassoziationen durchtränkte Leidens- und Liebesgeschichte wird zum zweifelhaften Höhepunkt einer allmählich in purem Kitsch versinkenden Handlung. Es trifft sich gut, daß irgendwann nicht nur der Krieg aus, sondern auch im Tagebuch keine leere Seite mehr da ist. Da bleibt dem Bruder nur noch die Frage: ›Reinhold, wie konnte das geschehen?‹ Dieser verräterische Schlußsatz wird den Leser noch einmal wachrütteln, und er wird fragen: ›Frau Berkéwicz, wie konnte das alles geschehen?‹«

Die Antwort kommt aus kühlem Frauenmund, nämlich von Eva Pfister im Schweizer Radio (19.5.92), die uns endlich die wahren kriminalpsychiatrischen Motive von Ulla Berkéwicz enthüllt, aber das bedeutet keineswegs »mildernde Umstände« für die literarische Täterin:

»Was hat wohl die Autorin getrieben, sich diesem Thema zu widmen? Ich vermute: Das Interesse gilt bloß dem Spiel mit den Sprach-Varianten jener Zeit. Die ehemalige Schauspielerin Ulla

Berkéwicz spielt mit Wortverkleidungen, schlüpft in das Sprachverhalten von Tätern, Opfern und Mitläufern des Nationalsozialismus. Beim Lesen läßt einen das aber leider kalt.«

Das alles hat Mechthild zum Egen nicht wahrgenommen. Oder hat sie sich nur einfach *nicht* verschlossen? Sie sagte im Süddeutschen Rundfunk (25.6.92):

»Ulla Berkéwicz dringt schreibend in die dunkelste Ecke junger deutscher Geschichte, sie dringt aber auch ins Innserste unseres eigenen ›Ego‹: das Gute und das Böse – Engel und Dämon – Opfer und Täter – beides ist in uns! Diese Ambivalenz menschlicher Existenz hat Ulla Berkéwicz in ihrem hervorragend recherchierten Roman so gut herausgearbeitet, daß das Buch meines Erachtens zu den besten der letzten Jahre zu zählen ist. Der Roman ist denn wohl auch eine der eindrucksvollsten Neuerscheinungen von 1992!«

Auch Kritiker sind schwarz und weiß.

Gibt es ein Fazit?

Das Geheimnis der Rezeption dieses Romans, auch der eigenen oder der von Freunden, dem wir in hitzigen Diskussionen auf die Spur zu kommen suchten, läßt sich annäherungsweise so formulieren:

Stärker als viele andere literarische Werke spricht dieser Roman Menschen unterschiedlich an je nach Geschlecht, Alter, eigener oder familiärer Beziehung zum Nationalsozialismus. Es gibt Identifikationen mit dem Helden, aber ebenso starke Anti-Identifizierungen, Verweigerung, instinktive Abwehr, Wut, Befremden, fast auch seelische Übelkeit. Dann auch wieder das Gegenteil: ein freiwilliges Sich-Wegtragen-Lassen, eine Infektion zur Probe, gleich einem Fieber, das heilsam sein könnte; Faszination wie bei einer verbotenen Exkursion in eine verdächtige Landschaft; Neugier verbunden mit Schauder; Sehnsucht nach Regression wie die Angst vor dem Strudel.

Unser Streit über den Text und die Rezeption ging auch um die Frage, ob Ulla Berkéwicz ein so schwaches Ich habe, daß sie sich, einem Medium gleich, mit dem Stoff wie mit den Affekten und den Stilebenen vollsauge und den braunen Brei unverdaut wieder von sich gebe. Ist die Orientierungslosigkeit, die Gefahr für den Leser, daß er sich verirrt oder durch Überschwemmung bedroht fühlt, also weniger ein Stilmittel als ein Scheitern der Autorin an der inneren Distanzlosigkeit? Die Interaktionen in der Gesprächsgruppe wie in Einzeldiskussionen waren stürmisch, sie reichten von Angriffen und Verdächtigungen bis hin zu erkennenden Suchbewegungen, und zwar danach, auf welcher biographischen und affektiven Ebene der jeweilige Leser sich dem Text öffnet oder verschließt. Wer aus antifaschistischer Familientradition lebenslänglich sich für immun halten konnte, weil auch die Eltern nicht gefährdet waren, dem braunen Wahn zum Opfer zu fallen, mag sich abwenden wie von seelischem

Schmutz und der Autorin böse sein, daß sie darin wühlt. Er oder sie nennt sie dann »verstrickt« oder hält sie, ohne daß sie es merke, für selbst angezogen von der braunen Geistes-, Sprach- und Gewaltbrühe. Wer sich mit lernbereiter Neugier nähert, vielleicht erst in den 60er Jahren geboren, staunt über das affektive und auch historische Lernen, soweit es über Identifizierungen läuft, in die ihn der Text hineinzieht. Das Wissen über die Seelenzustände der NS-Zeit ist nicht so verbreitet, wie man meint, auch wenn die Geschichtswissenschaft, Zeitgeschichte, Literatur und Film historische Kenntnisse und vielerlei theoretische Analysen bieten, ebenso wie Romane aus der Perspektive von Opfern, Verfolgten, kritischen Beobachtern oder erst retrospektiv distanzierten Mitläufern, wie etwa Renate Finckh (»Nachwuchs«) oder Carola Stern (»In den Netzen der Erinnerung«).

Es gibt eine generalisierte Fiktion: daß wir heute längst ausreichend Bescheid wüßten über die NS-Zeit und die Sache weitgehend begriffen und »bewältigt« sei. Die Generation der 68er, mit Mitscherlichs »Unfähigkeit zu trauern« im Tornister, marschierte gegen die sich verhärtenden Fronten der Eltern- und Lehrergeneration, ohne sich in deren Seelenlage wirklich zu versenken.

Es ist ja nicht illegitim, einen seelischen Krankheitsbegriff zu verwenden für die Art der Ansteckung, die die Deutschen seit den frühen dreißiger Jahren erfaßte. Trotzdem stehen wir wieder genauso entsetzt und ratlos vor der Tatsache, daß die Serben in freier Wahl 1992 ihren Kriegspolitikern zujubelten; daß die Intellektuellen dort kein kritisches Potential darstellten, im Gegenteil, daß sie auf der nationalistischen Woge und mit einer rassistischen Bedenkenlosigkeit sondergleichen den Einsatz der regulären Armee forderten, um die »Säuberungen« in Bosnien zu beschleunigen und Gegenwehr endlich niederzuwalzen.

Also kann man sich bei der Lektüre eines Romans, der sich von der Krankheit selbst passager und gezielt infizieren läßt, fragen, was diese seelische Ansteckung beim Lesen auslöst, vor allem, in welchem Zustand von Anfälligkeit oder Resistenz sie einen trifft. Und da es sich um Formen von seelisch-geistiger

Erkrankung handelt, die es zu gestalten gilt, kommt es bei den Lesern wie bei den Kritikern zu entsprechenden Reaktionen des Selbstschutzes oder der Hingabe, die freilich ebenso dumpf wie luzide sein können.

Wir fragten uns weiter, ob der ehemalige Schauspielerberuf der Autorin, in Verbindung vielleicht mit einem medial »geschwächten« oder auch begabten Selbst, zu der gestalterisch scheinbar unabgeschlossenen oder unbewältigten Häufung des seelischen Stoffes führte. Denn kein Roman ist mir – läßt man die seelische Reaktionsfähigkeit des Lesers außer acht – so unabgeschlossen vorgekommen wie dieser. Es scheint sich um eine Art literarischen Szeno-Test zu handeln, bei dem Abwendung, Flucht oder Mitspielen gefordert ist, um zu einer Diagnostik der Epoche wie der eigenen Person zu gelangen. Nicht erlaubt ist auf jeden Fall affektives Beiseitestehen, das zu einer Verfälschung der Spielbedingungen führen würde.

Der Leser findet sich auf dem Theater wieder: Er sieht Szenen und spielt sie gleichzeitig als inneren Monolog durch. Aus dem Proszenium und dem Raum des Spiels kommt ein Sog, der die sichere Distanz des Zuschauers aufhebt. Der Leser kann nicht anders, als den Text interaktiv zu komplettieren durch Reaktionen der Distanzierung oder des Sich-Einlassens. Daß die historische wie die affektive Stoff-Fülle der Autorin vielleicht in wenigen, vor allem in späten Passagen, entglitten ist, mag sein, aber das bedeutet noch lange kein Scheitern. Solange der Held in begeistertem Mitläufertum oder in wachsender Distanzierung der monumentalen ideologischen, repressiven Front des Nationalsozialismus gegenübersteht oder sich, konkreter gesagt, durchfrißt und durchleidet, ist auch für ihn wie für den Leser die Orientierung noch klar, selbst ohne Begleitung durch die Autorin. Er kämpft in einem System mit geistigen und institutionellen Fronten.

Nach Zusammenbruch und Kriegsende verschwimmen alle vertrauten Kategorien, wie damals auch in der Realität: Die Konservativen, die Sozialisten, Kommunisten, die Christen, die Kirchen, die Sekten, die Naturrechtler, die Traumeuropäer, die Esperantisten, die Weltbürger, die Ständestaatler, die Totalpazifisten und viele mehr, sie alle holten uralte und neue und sinnvolle und verdrehte Konzepte und Glaubenssätze aus allen möglichen Schubladen und geistigen und historischen Sedimenten hervor, Mystisches wie Rationalistisches, Überlebensmodelle und visionäre neue Gesellschaftsvorstellungen. Daß da einer zu taumeln beginnt wie der Held oder zu visionären Verdichtungen, gar zu symbolistischen Geschichtsbildern greift, war und ist verständlich, plausibel, realistisch. Die ungestalte Rotation im Gehirn ist nicht Unfähigkeit der Autorin, sondern wiederum mediales Zulassen – selbst von solchen Sprachebenen, die uns zunächst in ihrer verblendeten Bombastik übertrieben und heute fast obszön vorkommen.

In der Malerei wurde das »unabgeschlossene Kunstwerk« längst thematisiert. Es ist ein Symbol für die Unabschließbarkeit eines Weltverständnisses. Die Fragmentierung dieses Textes in Sprachbruchstücke, Stilebenen, Affekte, Faktenmaterial und Interpretationsfetzen ist nicht eindeutig zuzuordnen. Wo die Gestaltungskraft der Autorin nachläßt, fängt die Mitgestaltung des Lesers an. Er entscheidet mit darüber, ob er sich den Fragmenten aufschließt oder sie als Zeichen des Mißlingens beiseite schiebt. Viele Künstler haben die krudesten Objekte aus den unterschiedlichsten Realitätsebenen unsortiert aneinandergefügt und im Unfertigen ein Teilbild der Welt angeboten. Daß Ulla Berkéwicz trotzdem die Fragmentierung nicht thematisiert, sondern einen emphatischen Erzählduktus weiterverfolgt, könnte eine Falle sein: Er spiegelt die Nachkriegsversuche von geschlossenen Weltbildern, in denen die Deutschen die Katastrophe wie die Schuld zu überleben versuchten. Gemengelagen statt Übersichtlichkeit, so wie es Gesteinsschichten gibt, die eine ursprüngliche Geologie, welche eine Erdkatastrophe durcheinandergeschoben hat, nur noch zitieren.

Es scheint schwer, das Urteil in der Schwebe zu halten, aber was verschlägt es, sich zu sagen: Es ist vorerst nicht zu bestimmen, ob manche Passagen des Romans verfestigten Kunstkriterien genügen oder nicht? Es ist wie in der Atomphysik nach der Wende zur Unschärferelation: Der Standort und das seelische Instrumentarium des Lesers geben dem Text seinen Sinn, ja sogar seine »Gelungenheit«, und danach ortet er die Textteile neu nach ihrer affektiven Masse und sprachlichen Bewegung, danach, wie er ihren Zitatcharakter erkennt oder wie die Kräfte der Assoziationen auf ihn wirken. Es handelt sich, wie gesagt, um ein unfertiges Kunstwerk, das der Leser komplettiert durch Mitspielen oder durch Abwendung, durch Identifizierung oder Abwehr.

Deshalb ist die Welle der Ablehnung bei der ersten Rezeption auch kein endgültiges Urteil: Es ist das Getöse der Uraufführung, ein gruppendynamisches Konzert, abhängig von Stimmungen, einstudierten Reaktionsmustern, Ansteckungsvorgängen und dem altvertrauten Phänomen, daß jeder Rezensent rasch durchschauen und beurteilen will, obwohl die notwendige Rezeptionszeit für das Kunstwerk in einem ersten Anlauf gar nicht ausreicht.

Es ist faszinierend, was ein Gespräch unter Freunden erst erschließt, wenn die Standorte des Lesers in das Urteilen mit einfließen. Wenn die eigene Geschichte wach werden darf, auch die eigene Geschichte des Sprachlernens wie der Sprachbiographie, faßbar etwa in der Frage: In welcher Sprache habe ich meine eigene Pubertät erlebt, »bewältigt«, begonnen oder beendet, und in welcher tritt sie wieder in die Erinnerung des Erwachsenen ein? In welcher Sprache habe ich Politik zuerst kennengelernt? Welche Sprache wählten Eltern und Lehrer für die Vermittlung von Religion, Gewissen, sozialer Orientierung, für die Benennung von Gefühlen und die Ortung der Kräfte hinter dem Sichtbaren?

Die Empörung, zu der mich die hämische Leichtfertigkeit vieler Rezensionen führte, hängt auch damit zusammen, daß ich als Psychoanalytiker die These von der weitgehenden »Bewältigung« der NS-Vergangenheit nicht teile. In den Analysen von Patienten der Jahrgänge von 1950 und früher kommt das Verdrängte mit einer Wucht zum Vorschein, die vulkanartigen Eruptionen gleicht, so wie der Ausbruch von rechtsradikaler Gewalt einem solchen kollektiven Ausbruch im Agieren gleicht, die gar keine Erinnerung kennt und sucht, nur die provokantesten Symbole aufgreift und Terror und Vernichtung von damals einfach verleugnet. Nicht zuletzt diese geschichtsblinde und erinnerungslose Verwendung von Symbolen und Parolen hat Martin Walser zu seinem provozierenden Wort vom »Kostümfaschismus« veranlaßt, mit der Folge, daß ähnlich undifferenziert in den Medien auf ihn losgeprügelt wurde und er demagogisch simplifizierend zum nationalen oder nationalistischen »Stammtischbruder« ernannt wurde. (Tilmann Jens in »Titel, Thesen, Temperamente«).

Das schwerste in Therapien mit Kindern aus NS-Familien, wenn sie sich um die 50 mit ihrer Familiengeschichte beschäftigen, ist die Integration des Doppelbildes: In der Nachkriegsidylle bei dem verzweifelten Versuch – unter Verleugnung der Vorgeschichte – einen totalen Neubeginn zu erreichen, bricht die Gegenwelt durch. Die Patienten stehen oft vor gespaltenen Elternbildern, die sie nicht zusammenfügen können. Und sie stehen mit Schrecken vor den verinnerlichten Fragmenten eigener totalitärer Haltungen, auch dann, wenn sie sich in den sechziger und siebziger Jahren antiautoritär und antitotalitär engagiert haben.

Meine eigene NS-Familien-Geschichte ist mir erst in der Begegnung mit den seelischen Mechanismen der Wende von 1989 emotional wirklich klargeworden. Hitler ist verschüttet worden, zugebaggert, vom Druck des Überlebens und den neuen demokratischen Verordnungen und Einübungsritualen zum Sediment gemacht. Und die Sprache der NS-Zeit mußte von einem Tag zum anderen fallengelassen werden, sie galt als Gift und als verderbt, als »pfui«, um auf der Ebene der Kinder zu sprechen, die heute betagte Erwachsene sind. »Nicht daran rühren« war das leitende Prinzip in vielen Familien. Die Verwirrung der Sprachschichten führte zu einer Verwirrung der Gefühle. Da die Täter- und die Mitläuferseite verborgen wurden, falls nicht unbelehrbares Beharren eine innerfamiliäre Kontinuität schuf, klammerten sich die Kinder oft an die gereinigten Opfergeschichten der Eltern. Da dies von manchen Analytikern, so auch von den Mitscherlichs, nur einseitig als Technik der Selbstentlastung verstanden wurde, ist es bis heute schwer, mit den Leidensgeschichten vieler Deutscher in Krieg und Nachkriegszeit angemessen umzugehen, weil dann sofort der Vorwurf der Einebnung von Schuld kommt oder gar die Verdächtigung, man wolle die Geschichte der Deutschen umschreiben von einer Tätergeschichte in eine Opfergeschichte. Schwarz-Weiß-Malerei und Lagerdenken, sobald man sich nicht an Sprach- und Bewertungsrituale hält!

Ralph Giordano schildert in seinem Buch »Die zweite Schuld« eine deutsche Frau, die auch in vielen Gesprächen über die NS-Zeit den Namen Hitlers nicht aussprechen konnte, so sehr war er noch eingehüllt einerseits in die begrabene Verehrung, andererseits in die Scham über die mögliche Erregung, die mit diesem Namen verbunden blieb. Sehr oft ist es diese Angst vor der befremdlichen Erregung, die auch affektiv das Thema NS-Zeit meiden läßt. Aber alle Freunde und Bekannten, denen ich den Roman geschenkt oder geliehen habe und die sich trauten, sich ihren Gefühlen auszusetzen, sprachen von Aufgewühlt-Sein und von der schwer steuerbaren Erregung, in die der Text führen kann.

Eine Psychotherapeutin, die die Hitlerzeit noch als waches Kind erlebte und mit Kindern von NS-Größen die Schulbank drückte, versuchte mir deutlich zu machen, welcher Identitätsverlust der von einer Woche auf die andere verordnete Sprachwechsel im Mai 1945 bedeutete. Wörter und Sätze, Assoziationen und Bilder, die eben noch galten und einen Wahrheits- und Verständigungscharakter besaßen, die Zugehörigkeit und vertraute Sprachregelungen enthielten, wurden als Falschgeld oder als kriminell tabuisiert. Der plötzliche Sprachverlust, die Umwertung vertrauter Zusammenhänge, die mahnenden Blicke und Sprech- wie Frageverbote kommen durchaus einem partiellen Identitätsverlust gleich, um so mehr, wenn er noch begleitet war von Flucht, Vertreibung, Zwangseinquartierung. Man spricht heute in der Psychotherapie gern vom Überwiegen der frühen Störungen mit Gefühlen der Leere, Sinnlosigkeit, Desorientierung, von Krisen der Lebensmitte. Aber die Diagnosen bleiben merkwürdig unverbunden mit der politischen Seelengeschichte von Eltern und Großeltern. Die Tiefenschürfung geht, auf der Suche nach Erklärungen der Störungen, in immer frühere Lebensschichten, und die Forschungsrichtung ist auch berechtigt, sie hat viele neue Erkenntnisse zutage gefördert. Nur besteht hier eine Art historischen Irrtums: »Früh« bezieht sich immer stärker auf eine ahistorisch gesehene frühe Kindheit, nicht auf die politische Frühzeit in Familie und Clan, die im Untergrund weiterwirkt und durchaus »frühe Störungen« und Identitäts- und Depersonalisationssymptome mitbewirken kann.

Es muß etwas mit diesem plötzlichen Sprachverlust oder Sprachverbot und der seelischen Entwirklichung der Familiengeschichte zu tun haben, daß die Konfrontation mit dem Material, in das Ulla Berkéwicz eintaucht, zum Schock wird, der zu so heftigen Selbstschutzreaktionen führt. Zusammenhänge auf der intellektuellen Ebene durchschaut zu haben bedeutet ja nicht, auch der atmosphärischen oder bildnerischen oder sprachlichen Wiederbegegnung gewachsen zu sein. Sie weckt Gespensterfurcht mit dem entsprechenden Schreien, Singen, Klappern und überlegen tuendem Spott. Sie führt auch zu den rigiden gestaltungskritischen Postulaten, die gegen den provokanten Text ins Feld geführt werden.

Die Literaturkritik hat gegen diesen Roman eine Schlacht geschlagen, in der alle Mittel erlaubt schienen. Es ging um eine publizistische Abtreibung, eine Vernichtung ohne gerechte Würdigung, um eine Demonstration der Macht. Es ging auch um Profilierung, um den Nachweis der kritischen Unabhängigkeit, die sich im Chor dann aber doch als vom Zeitgeist gelenktes Gerede oder Geschrei herausstellte.